女性消费
未来商业风口

刘芸畅 著

中国商业出版社

图书在版编目（CIP）数据

女性消费：未来商业风口 / 刘芸畅著. -- 北京：中国商业出版社, 2020.10

ISBN 978-7-5208-1254-2

Ⅰ.①女… Ⅱ.①刘… Ⅲ.①女性—消费经济学—研究 Ⅳ.① F014.5

中国版本图书馆 CIP 数据核字 (2020) 第 166612 号

责任编辑：杨林蔚　佟　彤

中国商业出版社出版发行
（100053 北京广安门内报国寺 1 号）
010-63180647　www.c-cbook.com
新华书店经销
三河市长城印刷有限公司印刷
*
710 毫米 ×1000 毫米　16 开　13.25 印张　195 千字
2020 年 10 月第 1 版　2020 年 10 月第 1 次印刷
定价：48.00 元
* * * *
（如有印装质量问题可更换）

自序

女性消费：未来商业风口

写这本书的初衷，不关乎女权，而是创业十余年来，看到的一个商业趋势，在和华夏智库的邱伟老师的交谈中，我更坚定了这个选题。39岁，我开始了人生中的又一次创业，我和多年的好朋友班朝阳先生，共同创建了红果IP孵化基地。红果IP孵化基地是一个为个体崛起时代而准备的好平台，在红果IP孵化基地，我们将给更多想要通过掌握新媒体工具、拥有内容创作力的文化创业者，提供更好的创业和发展平台。

这样的想法，得到了我身边很多朋友的认可和支持。2019年7月28日，我们在郑州召开了新闻发布会，作为在郑州港区首个落地的IP产业孵化基地，也是聚焦于"网红"孵化的基地。无疑在2019年网红带货的浪潮中，成为了备受瞩目的项目。2019年淘宝直播创下2000亿元的销量，让更多人期待和注目2020年近乎白炙的"网红+"产业。直播和短视频，是网红当下的常用工具，5G时代，更是让大家对崭新的营销方式以及网红充满了想象。

女性消费不仅仅是从消费者的一端来说，从马云发出"在家要听老婆的话，在公司要听女同事的意见，在淘宝要听女性消费者的声音"开始，我就萌生出这样的想法：作为一个四十而立的女人，理当成为一个既是投资人、创业者、消费者，也是很多创业者的陪伴者。拥有创业导师、投资人以及创业者的多重身份，

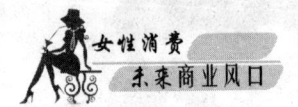

我最为看重的是作为创业导师和文化从业者的使命感：温暖和陪伴更多的年轻人在当下最好的时代，攀登属于自己的人生巅峰。

成立红果IP孵化基地，大概也是因为少年时我们都从绿色的青春走过，红果的寓意：一是红，二是果。人红有结果，我们希望每一位入驻到红果IP孵化基地的普通人都可以从带绿的青春走向人生的大红大紫，收获事业的丰硕果实。红果IP孵化基地的创办，首先是缘于多年的好朋友班朝阳，作为班朝阳先生的联合创始人，我也非常感谢红果国际网红学院的众多知名导师合伙人，他们是文化艺术产业与品牌"投智人"王鹏老师、社交新零售专家海科老师、全球大健康产业联盟主席刘东明先生、中国国际泛户外产业协会执行会长李辉先生、"网红+"社交新零售教练胡博先生、国际电影节获奖导演贾小铁先生、知名音乐创作人周星羽先生等。

在此，我特别感谢新怡和集团董事长王刚先生，感谢体育行业投资人田鑫先生，也感谢全国劳模刘仲田先生，他们三位作为我的天使投资人和公司合伙人，不但从经济上给予了我极大的帮助，也从商业资源以及精神鼓励上给予了我很多。

我还要感谢我事业上长久以来的多位朋友，在此，就不一一赘述了。

写下这样的一本书，我想是这个时代的变革，让我们女人拥有了一个可以绽放的舞台，很感谢东方王道文化发展有限公司的执行董事徐春玲女士，她给我送来曾仕强先生的《坤道：中国女人的修养》，也正是这本书的出现，让我更加觉得写这本书无关乎女权，只关乎一个在商言商的方向。

2020年，是一个特别的年份，愿我们从讨好母亲开始我们往后的余生。

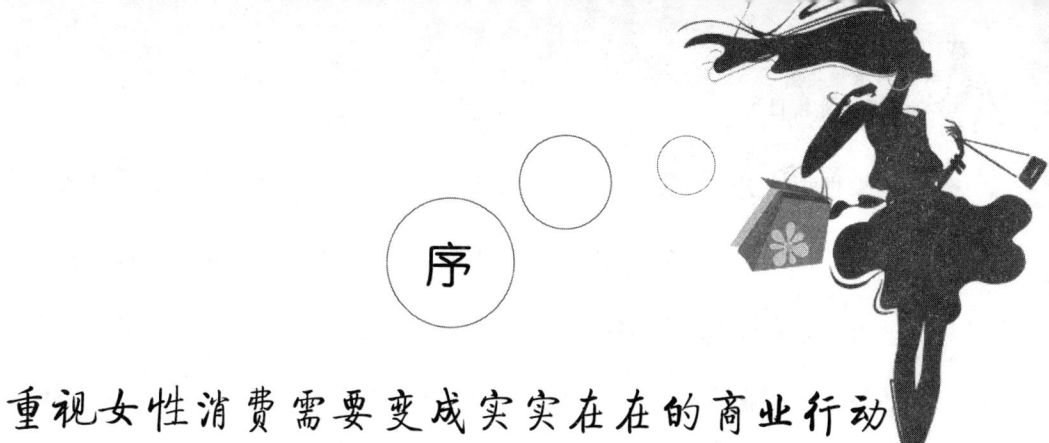

序

重视女性消费需要变成实实在在的商业行动

从一个侧面来讲，互联网是解放全世界女性的伟大的工具。互联网时代就是女性时代，这一论断在20年前，是没有人愿意相信的。互联网是由男人创造的，他们创造互联网的初衷是用于军事和科研领域。但互联网技术进入社会后，很快就变成了民用基础设施，这时候再回过头来看，最大的受益者是女性。

互联网是一种生产工具，是生产力和生产工具的合体。在前互联网时代，生产资源和生活资料是分离的，到了互联网时代，合到一起了。女性用起了互联网，就立即被封神了。在互联网上，女人可以充分释放自己的消费权，可以充分表达自己，构建社交网络，让远古的部落在虚拟的网络世界再次复生。

女性正在主导消费市场，中国的"她经济"正在呈现着空前的上升趋势。有数据显示，2019年"她经济"的整体市场规模高达4.5万亿元。

在观念与快速进步的社会出现脱节的情况下，讨好和讨喜女性消费者，就是复杂多变的市场变量中一个确定性的恒量了。对企业来说，得女性思维者得天下。如果一个企业的客户80%都是女性，那么我敢肯定，如果企业的产品界面和服务界面不变革，不适应市场需求，这个企业就是死路一条。

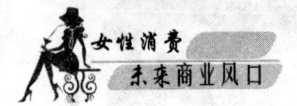

女性消费引领消费风潮,在这样的大背景下,《今日女报》亮出了掷地有声的口号:谁吸引住了女性的眼球,谁就赢得了市场主动,谁就有可能成功。

在"她经济"消费时代,每一个想成功的企业,都必须去想方设法构建符合女性思维的商业模式,重视女性,企业才有未来。面对消费"她经济"时代,企业只有分析女性消费的特点,在此基础上做好"她经济"消费时代营销策略,才能把握无限商机。

"她经济"时代下,女性消费呈现出以下三大特点:一是美丽消费占主导;二是非理性消费突出,购物过程中容易受到环境影响,消费情绪化特征突出;三是在购物消费时,大多会以实用为首要考虑条件。

重视女性消费并不是只要说说就好,需要变成实实在在的商业行动。女性正在发展成为消费领域的主导力量,从而逐渐成为各大企业竞争的重要目标和客户群。市场调查表明,与其他消费群体相比,女性消费市场有突出的特点,且潜力巨大。

从产品设计到产品宣传营销,再到销售渠道的搭建、售后服务的方式等,都要把"女性思维"巧妙地融合到企业经营的方方面面。从"个人英雄式经营"到"放下身段讨好女性去经营",这并不是一件容易的事情,需要从观念到思维的全方位蜕变。

首先,"她经济"时代下,企业的产品设计要以女性为目标对象。今天的汽车行业、高科技行业、电子行业、金融服务业等,都在积极转变产品设计理念,以迎合女性消费者的需要,吸引女性消费群体的眼球。比如,日本马自达汽车公司完全从女性角度出发,为30多岁的年轻女性群体推出的"Sports F"特殊规格车。

其次，针对女性的非理性消费特点，企业可以通过促销吸引女性消费者，开展形式多样的促销活动，通过打折或送赠品等活动来迎合对价格敏感的女性消费者，刺激她们的购买欲望，往往能达到不错的效果。

再次，企业要想吸引女性消费者，就必须从产品着手，设计出符合女性需求的产品，做到商品"她"化。比如，三八妇女节所在的3月，可以定位成"女人月"，不断推出针对女性的服装、饰品等，更容易受到女性消费者的喜欢和推崇。

最后，企业要选择适合女性的销售渠道。女性有自己喜欢的购物场景，只有把产品放到她们喜欢的购物场景里，才能取得优异的销售成绩。

只有打破一个旧世界，才能建立一个新世界。传统企业要想在互联网时代实现新生，就要做好自我革命的准备。这本书并不是写给女性读者的书，而是一本写给所有企业经营者的十分有价值的书。刘芸畅是一个具有敏锐商业洞察力的人，她从一个严肃的视角，描绘了下一个商业时代的蓝图，为广大企业经营者指明了在女性主导消费的商业世界中应该走怎样的发展道路，应该如何紧跟女性思维的脚步找到新的商业蓝海。

前言

只谈女性消费权

近年来,女权运动在世界各国都非常活跃,抛开广义的女权主义和女权运动,我们只谈女性的消费权。

消费权,即消费者在购物过程中最基本的权利,包括知情权、自主选择权、监督权和安全权。谁购买,老板就听谁的,这就是消费权,在市场中,这是近乎绝对化的一种权力。马克思说:"从商品到货币是惊险的一跃。"而这"惊险的一跃"已经回到了女性消费者群体的手中。

最新数据显示,中国城镇女性的劳动参与率超过70%,远高于日本、韩国、新加坡。勤劳的中国女人,收入方面也不示弱,完全能扛起家庭收入的"半边天"。除了自身不错的收入外,还掌管着家庭财政大权的中国女性,消费能力不容小觑。据了解,中国女性的整体消费能力早在2015年就已经超过了日本民间整体消费水平;中国消费市场的75%是女性消费者创下的。

中国互联网络信息中心(CNNIC)完成的第44次《中国互联网络发展状况统计报告》显示:截至2019年6月,中国网民数量规模达8.54亿。其中,女性网民数量占据了半壁江山。

超过4亿的女性群体基数，这本身就意味着巨大的商业价值。据全球500强、知名管理咨询公司埃森哲预测：中国女性消费者每年掌控着高达10万亿元人民币的消费支出。10万亿元人民币，这差不多等于欧洲德国、法国、英国的零售市场总和，很显然，这是一个非常广阔、庞大的市场。

女性消费权正在重塑互联网时代的商业形态和经营逻辑。市场研究数据和报告IDC发布的预测信息称：2020年，女性消费覆盖范围持续变广，"女全经济"主导全家消费。

近年来，随着教育程度、社会地位、收入水平的不断提高，越来越多的女性成为主导家庭消费的决策者。值得一提的是，女性群体所带动的消费产业，已经不再仅仅局限于女性自身的服饰、美容等悦己型消费，而是会更多覆盖到母婴IT、健康IT、银发IT、智能家居、智能教育等相关领域。

事实上，独立且多元的新时代女性精神，正在消费权力、消费理念、消费模式、行为趋势等层面上展现出独特的消费特质。

在消费权力层面，家庭消费中女性群体的"大女主"地位日益凸显。优亿数据显示：中国家庭旅游消费决策超七成由女性做出。女性是现代家庭消费的主要实施者，她们的购物频率和活跃度都明显高于男性，平均每两三天就采购一次的女性比例高达30%。

在消费理念层面，年轻女性一代的消费理念开始从功能性需求向情感性需求、价值性需求转变。女性消费理念的改变，直接推动了"悦己型"消费的快速

崛起。

在消费模式层面，为了迎合和抢夺女性这个消费主力军，各大电商平台纷纷推出付费会员制，为会员提供折扣价格、专属权益等差异化品质和服务，涌现出了云集、斑马会员、有品有鱼等一批会员制电商，开启了一个"特权消费"的新电商时代。

在消费的行为趋势上，女性对互联网具有天然的亲和力、适应力，她们自然而然地将互联网深度融入了自己的生活、工作之中。社交、直播、短视频与电商模式的不断融合，使得天然有着情感导向和消费洞察力的年轻女性们，成为这一领域更有力的创新者，不止淘宝直播女性独占鳌头，斑马的活跃会员中女性更是高达80%以上。微商、代购、电商红人、电商主播等一系列小微创业群体开始勃然兴盛，并逐渐成为主流，这就是女性消费偏好的巨大影响力。

互联网绝对是一股巨大的时代浪潮，这股浪潮冲击了家庭内的女性和男性分工模式，男主外，女主内，互联网将困在家庭里的女人连成了一个整体，对着全世界挑挑拣拣。供给侧可能有100个环节，甚至几千个环节，但是消费就是一个环节或者几个环节，女性消费者把握着几个最重要的关键节点。男人有创造的自由，但是消费选择权，对不起，在女性这一边。

人类最主要的活动还是创造财富。工作场景就是人类最大的活动模式，市场经济的本质是交易，而未来商品的主要交易员可能大多是女性，这个世界，从此更加热闹了。女性正在用自己的消费权，改变着供给侧的生产模式、组织结构、商业逻辑，也在改变着消费侧的营销方式、购物场景、服务方式和组织形态。互联网时代是一个属于女性的时代，女性用自己手里强大的购买力，改变着整个互联网商业世界。不讨好女性消费者的企业，不会有未来。

目录

第一章 父型企业和母型企业 / 1

  1. 女性思维就是互联网思维 / 2

  2. 服务营销时代的到来 / 6

  3. 正在被摧毁的"钢铁直男型公司" / 9

  4. 正在崛起的母型企业 / 12

  5. 女性崛起是时代的决定性转变 / 15

  6. 女性更加擅长商业过程服务 / 19

  7. 不敢抛弃存量的公司没有未来 / 22

  8. 互联网：生产工具和消费工具合一 / 27

第二章 消费决策权是市场制高点 / 31

  1. "她消费"时代：女性已经主导消费市场 / 32

  2. 80%，服务型经济的未来 / 36

  3. 需求碎片化，需求粉尘化 / 39

  4. 企业家看女性消费权崛起 / 42

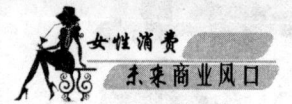

  5.女性引导非刚需消费 / 45

  6.泛流量已经是过往，精准流量才是未来 / 48

  7.正在加速的消费侧新结构化 / 50

  8.家庭和销售场所合一 / 53

  9.针对女性的商业模式更有价值 / 56

第三章 小合伙人 / 61

  1.私域流量是新的暴风眼 / 62

  2.以口碑为核心的新运营系统 / 68

  3.打造市场信任的新界面 / 71

  4.一人一媒体，一人一公司 / 75

  5.人格体品牌与局域差异化 / 78

  6.传统的组织架构正在离散 / 81

  7.生产和销售已经分离 / 84

  8.人人都是小合伙人 / 87

第四章 新生产力：视商时代正在到来 / 91

  1.大视频时代带给女性的机会 / 92

  2.所有的内容都值得用视频重做一遍 / 96

  3.人性不笑肤浅，高颜值会产生"溢价效应" / 100

  4.个体崛起，跟使用媒体的效能成正比 / 105

5.内容审美主导用户分流 / 108

6.可持续"网红"才有未来 / 111

7.抖音只是视商时代的开局 / 114

8.垂直服务：越多元的社会越需要找身份 / 117

第五章 视商应用实践 / 121

1.工具普及，人人可以做视商 / 122

2.裂变是新媒体运作的主流 / 124

3.不带IP的企业家，产品不走心 / 127

4.有用有趣有品的逆向盈利模式 / 131

5.用户娱乐+文化体验 / 134

6.人带货：人格化IP驱动 / 139

7.讨喜、讨好和情感营销 / 142

8.媒体矩阵和自主新渠道 / 146

9.带着用户一起玩 / 150

第六章 女性逆袭时代，未来大幕开启 / 155

1.商业IP化进程不可逆转 / 156

2.内容社区是商业体验的新场景 / 159

3.女性多角色领导力 / 163

4.打造网络孪生生命体 / 166

5.消费将是一个长长久久的过程 / 169

6.社交电商是个大趋势 / 172

7.达人如何走向资本市场 / 177

名词解释 / 181

附录 / 184

后记 / 192

◎第一章

父型企业和母型企业

◎ 1. 女性思维就是互联网思维

女性思维就是互联网思维，早在2012年，时任《互联网周刊》主编的姜奇平就提出了这一观点，并发表了《互联网的女性主义特征》一文。在这篇颇有知名度的文章中，姜奇平写道："女性只是改变自己，世界并不会发生质的变化；女性对互联网的实质性影响在于，通过推动互联网的女性主义特征的形成，改变了人们的思维方式，从而改变了整个世界。"

作为中国刚接通互联网的第二年就上网的为数不多的女性，卜卫对此有着更为清醒的认知，"妇女要想获得性别平等，就必须学会有效地利用计算机和互联网络"。卜卫一连写下了三个标题："网络开始女性化""网络需要女性化吗""谁来女性化网络"。时至今日，卜卫曾经的疑问已经有了明确答案。

今天，不管是从世界范围来看，还是从国内情况来看，女性早已经悄然无息地成为了互联网时代的"主导者"，她们是网购的主力军，是社交网络的频繁使用者。在汽车这一传统男性优势市场，中国女性的消费也已经超过了男性。美国的最新调查显示，成年女性游戏玩家已经超过了未成年男性，可以毫不夸张地说，在男性消费者占据优势地位的游戏界，女性的地位也在"逆袭"。

作为最大的消费群体，女性的思维、需求、审美、购物体验等，对整个互联网商业供应端都产生了巨大的影响，商家们开始有意识、有针对性地用女性思维去开展商业活动，以便赢得更多女性消费者的认可。

"互联网思维就是女性思维"，北京大学电子商务总课题组主任，著名电子商务专家、网络营销专家、微商与社交电商专家海科老师，在多次关于社交新零售的演讲中表示："新女性知道自己要什么，适合什么。因此时下最火的社交电商：颜如玉、传奇今生、蘑菇街、聚美优品……乃至泊玉泉小淘米、京东芬香等，都是为女性打造的。"

事实上，传奇今生的成功就得益于"女性思维"，海科老师在进行成功案例分享时说道："传奇今生的用户80%是来自一线城市年轻白领的女性。可以说，正是像李怡萱、香香公主这样的新女性，她们在想什么，她们的消费习惯，对我们至关重要。传奇今生的定位，从一开始就是女性垂直社交电商。"

如今，越来越多的互联网企业正在以"女性思维"为核心，重新搭建自己的商业帝国。女性的思维、语境、交互方式对于商业活动来说都变得至关重要，可以毫不夸张地说，所有互联网企业最后都会成为女性思维企业，不能及时转变经营思维的企业，注定会像蒋方舟《精英决定去死》一文中所写的那样，不得不面对"阶层"的没落。

互联网思维的特征是连接、互动、分享、扁平、关系、去中心化，这与女性与生俱来的思维特质是不谋而合的。女性主义的特征主要体现在更关注当下自我的感受、自己的认知，关注自己与周围环境的关系、与周围人或物的联系，追求去中心化的体验。

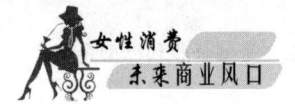

以社交平台为例,它把大家联系在一起的纽带不是理智,而是情感。在情感方面,女性显然比男性更如鱼得水。在《为什么妇女统治互联网》中,Aileen Lee认为:女性是社交网站的主要用户,她们比男性在上面多花了30%的时间,而移动社交网络的使用者55%是女性。女性占领了互联网上最主要的生意场。

"用户只会抱怨,却不知道自己真正需要什么。"实际上这种普遍存在的现象,说明了一个事实:在互联网的熏染下,用户的女性主义特征越来越突出,即在人们的基本需求被满足之后,更在意产品的情感属性,更追求产品之于个人品味的意义。

在《微信背后的产品观》演讲中,微信创始人张小龙提出:产品经理应该"放弃理性思维,更应该依靠直觉和感性,而非图标分析。产品经理应该是一个文艺青年,而非理性青年"。在张小龙看来,情感的浓度越高,产品的黏性越大。"一个成功的产品经理,需要在极端现实主义和极端理想主义之间取得平衡,把它们作为一个整体一并接受下来,彻底去除其中的相对性,丝毫不会觉得其中有矛盾和冲突之处。"

在互联网商业领域,逻辑和理性只会让我们离用户越来越远。情感只能感知、体察和揣摩,却不能通过调研得知。"放弃理性思维"是一种必然,我们要懂得激活自己的潜在感性思维。

在笛卡尔时代,中心化的主体是物质化的,但在今天的互联网时代,商业的主体已经被去中心化的自我取代,精神需求正在主导新的庞大消费市场。整个世界都进入了一个"物轻情意重"的新时代,商家仅靠单纯的售卖商品已经远远不足以生存,一斤商品附加十斤情感才是明智的做法。

人们到底把什么样的自我，投射到符号构成的人生大屏幕上，这是互联网时代每一个人都遇到的新问题，女性更善于向互联网投射自己的内心和形象。在社交媒体上，女性比男性更喜欢表达，但与男性思维不同，女人描述各种各样的问题，其目的并不是为了寻找一个解决方案，而是为了获得一种情感上的共鸣，找到懂自己的人，享受到被认同的快乐。倘若用直男思维板着脸给女性提供解决方案，甚至一定要争论出一个结果，那么显然会得罪互联网时代最大的消费者——女性。

在女性看来，有趣的、开心的远远要比男人以为的正确的解决方案更吸引人，同理，在互联网商业领域，能让女性开心的商家才是好商家，才是她们毫不犹豫选择的商家。女性在消费市场中的"金钱选票"是决定性的。要想在互联网商业领域有所作为，你就必须读懂女性思维，必须会思考女性现在的状态，以创造一个状态来引导一个状态，不要谈未来，不要谈解决方案，要谈两个状态之间的关系，不要谈太多的目的，只要一种信任和温暖的环境。

从购买行为特征上看，男性通常都是直奔目标，而女性更喜欢大量、丰富的逛街体验。在女性消费权崛起的今天，体验经济的发展趋势不可逆转，谁可以为广大女性消费者提供更好、更优质的线上购物体验，谁就会在激烈的市场竞争中占据先机。

在"供大于求"的过剩经济中，女性消费者的"我买我喜欢"无疑已经成为商家突围的主要工作方式之一。女性思维的力量不可小觑，连马云在纳斯达克上市时都调侃说自己是被3700万女人抬进纳斯达克的。所有互联网企业最后都会成为女性思维企业，那些没能成为女性思维的企业，结局早已经写好，死在滚滚历史洪流中是它们逃不开的结局。

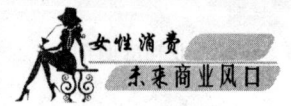

◎ 2. 服务营销时代的到来

国家统计局数据显示：2015年，中国服务业占GDP比重就超过了50%，成为第一大产业。毫无疑问，中国已经进入了服务经济时代。全球化智库学术委员会专家、清华大学国家金融研究院院长朱民在2019年接受记者采访时表示，今后10年中国服务业占GDP比重将不断上升。

随着服务经济时代的到来，营销领域也迎来了一场新变革。服务经济是个性化的、从产品到个性化服务的过渡，是商业经济发展的一个方向。当我们在消费的时候，面对的是人与人之间的关系，而不是商品功能，这时，服务营销的时代就真正到来了。

互联网发展到现在，主要经历了四个阶段：接入阶段、内容阶段、应用阶段和服务阶段。

在接入阶段，通过互联网把消费者、生产者、销售者联系在一起，马云创业之初的"黄页"就是一个非常典型的例子。从商业逻辑上来说，通过网站上的信息展示来实现商家与商家之间的联系，只要接入了"互联网"，商家就能够接触到更多的客户，获得更丰富的合作资源。

在内容阶段，简单的"黄页"展示已经远远不能满足市场需要了，逐渐形成了"内容为主、服务为辅"的形态。这一阶段，信息的展示更加丰富了，但整体上还是通过静态网站来实现内容的展示，用户获取内容的方式主要是通过搜索引擎来实现，也正是因为如此，一时之间，搜索引擎成为事实上的互联网入口，涌现出了一大批搜索引擎类产品，如雅虎、搜狗、谷歌等。

这种通过搜索引擎实现内容聚合的机制，存在很明显的缺陷，一是用户分散，难以聚焦，内容作者与用户无法互动，也就难以建立起长期关系；二是信息流通成本较高，竞价排名让各大搜索引擎赚得盆满钵满的同时，也让内容找用户、用户找内容的成本增加了不少。此外，随着互联网内容的不断增加，在海量信息中实现内容找用户、用户找内容的难度也大大增加。在这一阶段，域名是整个商业的核心，购买域名、抢注域名非常火爆，但也造成了用户的使用成本更高。

在应用阶段，除了各种各样的互联网网站，又出现了内容流型的社交网络，比如微博、QQ等。这一阶段，"以内容为主，服务为辅"依然是主要形态，但与内容阶段不同的是，内容与服务的提供方式发生了改变，可以为用户提供多种信息块和信息流，内容发现机制也进化了，出现了社交网络账号连接内容与服务的模式，内容发布者直面用户成为一种主流，搜索引擎不再是唯一的信息获取渠道。互联网的入口增加了。

从商业角度来说，应用阶段给互联网商业领域插上了"腾飞"的翅膀，主要表现在以下三个方面：一是用户不再是分散的，社交网络的聚合作用使得用户聚焦成为可能，统一的账号体系，让用户与内容发布者可以建立起长期持续的互动关系；二是彻底改变了静态网站呈现内容的方式，信息流、动态内容的

呈现显然更能吸引大众的注意力;三是社交网络的发展使得"用户"成为互联网商业的中心,为企业的营销策略指明了方向;四是内容的可持续主动推送,使得内容提供者"避免被遗忘"成为可能,也可以大大节省用户获取内容的时间和精力。

尽管应用阶段的互联网弥补了以往不少缺陷,但实际上也并不完美,比如交互不足,信息块缺失导致的网页跳转等。

随着互联网的不断发展,在线即时通信工具的快速发展,使得互联网上人与人的"交互"变得更加方便、快捷、高效,伴随着移动互联网的崛起,传统社交网络面临着用户从内容流型向消息流型社交网络迁移的发展趋势,移动APP成为新一轮的营销风口,互联网逐渐进入服务阶段。

互联网服务经济的兴起,推动了服务营销时代的到来。今天的用户,其需求已不单单是对某个产品的需求,他们在意的不仅仅是商品本身,毕竟能提供竞品的企业多如牛毛,他们更在意自己的个性化需求、良好体验需求、分享需要等是否得到了满足。正如凯文·凯利所说,"一切产品都会变成服务,变成一种流",在服务经济时代,一切营销都是为了给用户更好的服务,一切营销的最高阶段都是满足用户潜在需求的服务。

工业时代看男人,服务时代看女人,女人是互联网消费的主导者,如何满足女人的需求成为互联网服务营销的重要问题。女人具有情感化的思想特质,追求体验、个性化、分享,渴望更高品质的购物场景服务,在这样的大背景下,只有了解女性思维的男性才更具有商业模式的设计能力。

◎ 3. 正在被摧毁的"钢铁直男型公司"

在过去的几十年中,企业尤其是房地产开发型企业取胜的属性,与男人与生俱来的雄性基因相符合。这类企业也就是我们所说的"钢铁直男型公司",主要形成于物资匮乏期以及工业时期的扩大生产型时段。

"钢铁直男型公司",即基于工业化的男性思维构建起来的企业。这类企业通常具有以下特征:一是追求"去情感化",非常重视效率,常常喜欢实行末位淘汰制;二是经营思维是明显的攻城略地式思维,往往会制定更强的目标,扩展企业遵循由内而外的原则,而不是由外向内,通常不会思考市场环境需要企业做什么,而是用男性思维把商业简化为企业要做什么;三是企业组织呈现出机械化特征,各个部门分工合作,在管理上呈现出集中化、中心化、层级化特征,上下级别森严,上级下达指令,下级执行,缺乏平等的互动交流,"一言堂""集权制""一元性"等特征非常鲜明。

在工业化时代,供应远远小于市场需求,生产主导市场,谁可以提供更多、更优质的商品,谁就能够迅速占领市场,因此形成了一大批以"生产"为本位的公司,工厂就是这一时期非常典型的产物。许多男人创立了工厂,并把"机械化"思维的力量在商业领域开发到了极致,流水线式的批量生产不仅可以保

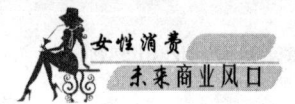

质保量,还能将大量的商品源源不断地送到市场上,从而依托规模占据更大的市场份额。

工业时代最鲜明的特征是大规模生产、大规模销售和大规模传播,在满足消费者需求的同时,逐渐形成了工业化思维。

具体来说,工业化思维主要具备以下几个特征:

一是标准化。标准化是工业化和大规模生产的重要基础,以小小的螺母为例,同一个型号的螺母可以在全世界各种各样的机械上使用,一台机器不管在世界的哪个角落,都能依靠标准化完成组装,这就是标准化。标准化推动了手工业作坊向大工业生产的转变。

二是规范化。为了保证商品的大小、尺寸、品质、性能等的稳定和统一,生产就必须要规范化,从材料选择到生产流程,再到合格与不合格标准的制定,各个要素都要规范化。此外,规范化还使得合格员工的问题能得到更好的解决,师傅带徒弟的方式逐渐演变成开办职业学校的现代教育方式。

三是规模化。在工业时代,规模就意味着实力,意味着更大的利润空间,意味着更大的市场。一般来讲,规模越大的企业,单位成本就可以越低,利润也就越大。由于市场需求旺盛,也不必发愁商品卖不出去,自然生产得越多,卖出的商品也就越多。因此追求规模化是工业时代非常典型的做法。

此外,工业化思维的特征还有可控性、可测试性。可控性即机器、生产时间、人员、整个流程等都必须可控,因此笛卡尔的理性思维及其派生出的同质性、一元性、中心化、集中化等思想特质得以大行其道。可测试性,即所有产品合格与否,安全与否,性能好坏等都必须有一套可测试的系统,从而来保证商品的质量。

机械化、工业化思维曾经是一个时代先进性的象征。但在今天这个互联网时代，一些以生产为本位的公司正处于尴尬的市场地位，典型的机械思维者现在正在排队面临市场的惩罚。"钢铁直男型"公司正在被时代摧毁。

"生产为王"的时代已经过去，"用户为王"才是今天的商业核心，如何给用户提供个性化而非标准化的商品或服务，正是"直男型公司"所不擅长的。商品供应过剩导致了市场营销方式的变革，今天基于情感化的社群营销，是女人们的"战场"，"直男型公司"如果不转变商业思维，也难以在体验经济的大势下存活。

在工业时代，对于女性来说，家庭和工作场所的分离，加上断断续续的工作过程限制，使得她们处于次要地位。但互联网的快速发展，改变了这一局面，互联网"去中心化"的特征，给女人提供了更多的参与商业活动的机会。

在互联网的世界里，男人很想将商场变成战场，那是他们很擅长的领域，但女性掌握着绝大部分商品的购买决策权和购买力，她们更愿意将商场拉回到采集野果的园子，在里面挑挑拣拣，相互分享各自的故事，这个场景，恰恰是很多直男型企业没有认知的领域。

在今天的互联网领域，最厉害的公司往往并不是那些目标性太强、解决方案型的公司，最受投资市场欢迎的常常是那些最会讲故事、最讲情怀的公司。不论"钢铁直男型公司"是否愿意承认，女性成为互联网世界的主体都是一个不可更改的事实，在社交商业化已经成为主要消费渠道的今天，主动去寻找智

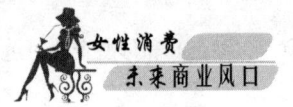

商与情商的再平衡,已经是摆在很多男性企业家面前的商业必修课。

◎ 4. 正在崛起的母型企业

热播剧《恋爱先生》中有一个非常有意思的小细节:罗玥与宋宁宇两个人一起去购物,到了收银台付款时,宋宁宇抢着要付款,却被罗玥婉言拒绝,罗玥坚持自己买单,并称"这是一个成年人最起码的标准"。尽管只是一个容易让人忽略的小细节,但却凸显了女性独立的声音。

事实上,近些年来的影视剧、小说等作品中,传统的没主见、依附男性的懦弱女性形象正在被颠覆,取而代之的是经济独立、有主见、有追求、有自己想法的现代女性形象。在现实生活中,女性正在不断挑战男性的既有边界,在职场上,不管是商界,还是建筑工地、大车运输、金属冶炼,到处都有女性的身影,即便是没有受过良好教育的农村妇女也纷纷走进城市,进入服务业或工厂等赚钱,分担家庭开支。

在商业领域,女性创业者越来越多,挤进各行业核心部门领导位置的女性也越来越多,一个女性崛起的时代已具雏形。伴随着女性在商业领域影响力的不断扩大,一种不同于以男性思维为主导的新型企业诞生了。这种新型企业以"女性思维"为主导,因此有人将其称为"母型"企业。

母型企业是更为扁平化、更需要分工协作的企业，它们以分享为"核心"，体验感成为了产品口碑形成的基础，感觉好不好，喜不喜欢，这样非标准的评估标准，完全打破了工业时代理性且标准化的标准，而IP正是一种产品和品牌的灵魂价值的体现，看似摸不着看不见的东西，反而成为了当下更多消费者愿意为此付出更多价值的重要因素。

从本质上来说，母型企业是具有自组织、自协调、去中心、流动而开放的生态系统。在白热化的竞争中，依靠更优质的"服务"实现突围，已经成为绝大多数企业发展的必经之路。服务经济催生了体验经济，天生感性、擅长与人共情、乐于与人交流感受看法的女性，在体验经济时代自然是比男性更有优势。在体验经济的大潮下，不少"直男型企业"也纷纷涌入了体验经济的大潮中，为了适应市场，男性思维中的理智等思想特质逐渐朝着女性思维和感性化发展，从而不知不觉中蜕变为"母型"企业。

"母型"企业的群体性崛起，与女性个体的崛起有着密不可分的关系。那么，女性在各个领域大放异彩，并占据主导权，依靠的究竟是什么呢？

一是新时代的女性普遍接受了良好的教育。《2016中国高考状元调查报告》显示，2000年前，男性在高考状元中占据绝对优势，占71.05%；2000年后，女性在高考中优势地位突出，女状元所占比例逐渐超过男性，其中，北京高考女状元最多，占近七成。良好的受教育情况为女性职场上的表现和实现经济独立提供了坚实基础。

二是新时代的女性普遍实现了经济独立。中国女性的劳动参与率是世界上最高的，超过了70%，第三产业的兴起和互联网商业的繁荣发展，为广大女性提供

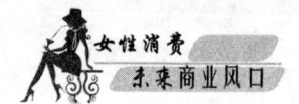

了越来越多的就业机会，勤劳且有梦想的中国女性在职场上越来越有话语权，不断攀升的收入也使得她们成为互联网电商消费的主力军。

三是科技和互联网的发展，让女性逐渐摆脱了天生的弱势，从而实现快速崛起。男性天生就在体力上优于女性，在农业时代、工业时代，这种体力上良性差别是女性无法跨越的鸿沟，但今天，机器人、机械臂、全自动生产线等技术的普及，让"去性别化"成为了一种不可逆转的发展趋势；科技的发展，使得男性擅长的理性分析和逻辑推理等能力越来越容易被计算机或人工智能取代，而女性的感性思维则是技术不可替代的，拼力气的时代已经过去，未来是属于女人的"感性"新时代。

女人天生具备分享和分工的特性，女人善于去组织安排并且去构建和谐的环境。所以互联网这种千变万化的形式，以及条条道路通罗马式的传播形式，都为女性创业和发展提供了更为适宜的环境。

互联网给女性的崛起插上了翅膀，一个个散落在家庭中的女性，在互联网的连接下逐渐形成了一个整体，获得解放的不仅仅是被传统家庭束缚的女性个体，更是女性整个群体。去中心化、用户体验、互动性、社群化的新型企业之中，很多领导者是女性。女性借助互联网商业的"东风"，迅速完成了在线上的"熟人"社会搭建工作。在网络上的社群里，没有符号化的陌生人，都是生动而鲜活的人，这种线上熟人圈子、社群生态的形成，主要归功于女性在互联网上的崛起。

世界正在重新部落化，体现在商业领域，则呈现出"社群营销"的发展趋势，未来的营销将会更精细、更垂直、更能接触到目标用户，也就是说高效的互联网营销,颗粒度必须变得更加细致。

此外,母型企业是一种多元聚合的新组织形态,拥有完全不同的思维方式。这种母性组织具有裂变的特质,母性生物最鲜明的特点也就是不断繁衍和裂变,体现在互联网商业思维中,开放的、动态的繁衍状态是母型企业发展壮大的基本路径,未来裂变式营销将成为推动母型企业不断发展壮大的充足动力。

◎ 5. 女性崛起是时代的决定性转变

在"名女人谈男人"的调查采访中,知名作家蒋方舟直言不讳地指出中国男人越来越女性化,越来越软弱。

无独有偶,美国著名心理学家菲利普·津巴多也认为,雄性正在衰落,男孩面临危机。在高科技飞速发展的环境背景下,社交技能匮乏、学业成绩下降、沉迷游戏、药物滥用、看色情片等现象在男孩身上屡见不鲜。

在虚拟互联网世界里,没有人在乎你是男人还是女人。你是男人还是女人,仅仅取决于你自己的标注,没有人会深究你究竟是不是。互联网的"去性别"特征,为女性的崛起提供了环境基础。

纵观今天的互联网,"宅男""屌丝""妈宝男""小奶狗"等已经成

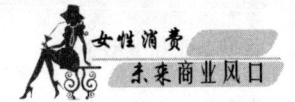

为非常热门的词汇,男性放低自我姿态已经成为一种"标榜",在社交媒体上,无数男人都在自我嘲讽,调侃自己是"屌丝",甚至还出现了以《屌丝男士》为名制作的视频节目直接来调侃男性的形象。在娱乐、明星等领域,广受欢迎的男明星、男歌手、男艺人等绝大多数是缺乏男子气概、雌雄莫辨的形象,这种"大众审美"也从侧面反映出了男性对整个社会的主导权和影响力正在下降。

男性与女性之间的力量正在迅速地转移,在不少重要的地方,事实上,女性已经成为主导者,从全球范围来看,这是一个不可逆转的发展大趋势。早在2015年美国《外交政策》杂志公布的"全球百大思想者"名单中,125名上榜者,男性有62名,女性则有63名,入选的女性首次超过了男性。在美国,目前有超过50%的经理是女性。在中国,女性崛起的速度正在不断加快。以清华大学管理学研究生为例,宁向东教授自己读研究生时,全班40人,女生只有3位,而现在他教的硕士班中,女生人数已经超过一半。甚至在一些专业的博士生中,出现了全部都是女生的情况,这意味着未来女性精英必然会越来越多。

有相关专家预计,在未来10年中发展最快的15个行业中,有13个行业将会被女性主导。换句话说,在全球经济中,女性崛起已成必然。

女性崛起,意味着一个新商业文明时代的到来。

在今天的大学中,每个专业的前三名往往都是女性更多,男性反而微乎其微了。其实出现这种现象的原因并不复杂,进入大学后,太多男性被游戏征服了,脑子里只想着游戏，甚至连头都懒得洗。而女性则是大学自习室的常客，她们常常坐在自习室里安安静静地学习。

女性不仅学习专心认真，还有胆大、努力、小聪明等优点，这正是她们能够超越当代很多男性的"法宝"。

近年来"小鲜肉"消费文化的崛起，表明女性在数码时代的文化结构中的地位在不断上升，在北大教授戴锦华看来，"当代中国，能和男性平起平坐的女性，都是花木兰"。有消费能力和消费欲望的女性，成为商家眼中的"上帝"，她们通过"消费"推动了现代商业组织的变革。

万通董事长冯仑说：世界上很多大公司的CEO是在伊拉克、阿富汗打过仗的军人。他们在军队里锻炼出的黄金法则与企业变革有极大的相似之处，商业组织的变革有一种可能，就是借鉴特种部队的做法。在谈到组织关系时，冯仑认为："在新环境下要做好领导人，要做的事情更像菜园里的园丁，而不是棋盘边的棋手。对于管理行动来说，实施一步步的控制似乎很自然，但事实上更有效的做法是培育整个组织，构建它的架构、流程和文化，使得麾下的各个组成部分能够自主地运转起来。"

在"中心化"的传统领域中，管理上的一步步控制至关重要，但在今天"去中心化"的互联网商业时代，组织效率最高、占据资源更少的方式是做"菜园里的园丁"，放下传统管理者的权威、架子和高高在上，真正俯下身子，用互联网扁平化的思路切切实实营造良好的组织氛围，这才是今天为企业"赋能"的明智举措。从英雄式的企业领袖，到谦卑的园丁，这显然并不是一件容易的事情，但

这是女性崛起带来的时代性转变，如果不能快速转变观念、思路和做法，那么就只能接受被扫进历史垃圾堆的命运。向左还是向右，是每一个男性思维企业领导者必须做出的选择。

纵观人类的整个历史进程，工业效率社会可能只是占据了短短的一个小周期。与浩瀚的人类历史相比，效率主义只是在工业时代中昙花一现的思维模式。长期以来，人类的生活结构和事业结构都是以"性情"为驱动力，工业时代人类突然转为以效率为中心的组织结构，但这种以效率主义为核心的组织结构，注定也会随着时代的远去而消失。随着人工智能社会的到来，几乎所有讲求效率的事情都可以交给人工智能，尽管人工智能技术还没发展到非常繁荣的阶段，但人工智能代替人的绝大多数效率型工作，只是早晚的事情，这已经成为共识，那么到了那个时候，人的价值在哪里？显然，标准工业制造的效率主义必将成为历史，人类必将继续回到发展自己的性情、探索自己内心并从事艺术领域工作的轨道上来。

把视野拉回到当下，今天全球的女性已经依托互联网建立起了一个全新的商品交付渠道，在供给侧男性占据主导地位，但在消费侧最主要的商品和服务流通渠道，已经交付到了女性群体手中，在这个消费决定供给的时代，处在消费侧的女性将逐步成为整个商业社会的主导者。

企业要想找到质量优成本低的流量和客户，在营销时能否打动女性用户是成功的关键。在去中心化的网络型组织中，领导力正在被号召力取代，个体IP应运而生，处在扁平化社群组织中心的女性领导者实际上只是一个符号，这种基于魅力的多元利益的综合型领导方式，已经成为实施多元组织领导的新方式，也是未来女性组织崛起的主要方式之一。

能否抓住女性崛起带来的组织方式、营销方式等方面的转变，直接关系着企业未来的生死存亡，直接决定着企业能否实现"弯道超车"，在激烈的市场竞争中把对手远远甩开。

◎ 6. 女性更加擅长商业过程服务

对于今天的消费者来说，购买一件商品的动机变得越来越复杂，越来越多元化。

以女性购买一支口红为例，购买动机往往并不是"缺口红""没有口红用""口红用完了"，而常常是"闺蜜最新入手的豆沙色口红，颜色实在是太棒了，听她说用起来也相当不错，我也想下单买一支同款"；"××剧里的女主角真是仙女本仙，那场订婚宴的戏里，她涂的是什么口红呀，整个人看起来特别有精神，明星同款买起来"。

事实上，这只是整个消费市场的一个现象缩影。商品的极大丰富，催生了"买方"市场的到来，购物不再是一个单纯满足使用功能的行为，而是升级为一种更高层次的"精神需求"。

尤其是今天的年轻一代消费者，他们追求个性，强调自我，有非常强烈的

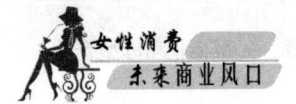

自我认同感,体现在购买行为上,主要表现为更愿意为了"精神体验"而买单。比如同样材质的T恤,新时代的青年们宁愿花高价买限量版、游戏或漫画联名款等,也不会图便宜买图案没什么特点的T恤。个体意识的崛起,让广大消费者的需求更加分化,不同群体的用户,需求点也变得不同。对于高精神需求、体验需求的消费者来说,仅仅提供一个商品或结构,注定是没有任何吸引力的,一个美好体验的商业设计才是现代互联网商业的核心逻辑。

互联网的繁荣,让各行各业都完全"暴露"在阳光之下,一件商品需要哪些原料,原料在哪里采购,价格几何,生产过程是怎样的,生产机器是什么型号,从哪儿聘请精通机器操作与维修的技术人员,商品的成本价大概是多少……在强大的互联网中,各个环节都可以说是无限接近于"透明",在竞争越来越激烈的情况下,不少企业都会通过降价让利来实现扩大市场份额的目的,在企业与企业之间的"价格大战"后,今天,很多商品的售价只有非常微薄的利润,或者是完全没有利润甚至亏本赚吆喝。

在如此残酷的市场环境下,如何实现利润的增长,如何在越来越惨烈的"价格战"中脱身,如何避免杀敌一千自损八百的经营策略,成了摆在企业面前的一大难题。而服务经济、体验经济无疑为这些渴望实现逆袭的企业提供了绝佳机遇。

通过增加服务,提供更优质的购物体验,来增加商品的溢价已经成为当前绝大多数企业的普遍做法。服务可以形成一种关系,服务也需要定义一种关系,可以有效增加用户的复购和交叉销售。社群就是一种非常典型的服务关系,商家可借助社群营销成功提高用户的复购率，还可以实现"多维度"营销，比如给反复购买婴儿纸尿裤的用户推荐婴幼儿玩具、婴幼儿辅食、早教课程等，真正实现把所有商品卖给同一个人。

不管是服务经济还是体验经济，人们的消费行为都是在服务场景中完成的，只要体验足够好，商家就能够获得高溢价的机会。比如明星同款，往往要比普通商品贵一些，但却不会因价高而卖不动，相反这些打上明星同款的商品常常会供不应求，迅速刮起一阵消费热潮。

服务过程既是建立关系的过程，也是双方进行互动的过程。现在，企业已经明白和用户进行持续互动是一种非常重要的营销方法，其实不仅仅是营销方式，更是未来企业的战略设计。让用户在参与企业运作的过程中成为一分子，参与的过程带来欢乐，这是服务过程产生好结果的方式。过程带感、过程走心，商业的过程变成快乐交付的过程，这回到了人类对于生活追求的本源。商业本该如此。

在商业过程服务领域，女性远远要比男性更擅长、更有优势，也更容易让顾客满意。这与女性更善于在不同任务之间切换的能力密切相关。

长期以来，女性承担着家庭中的绝大部分甚至全部家务劳动，与男性在职场上的单一专注度相比，女性面对的家务是多种任务的杂乱组合，洗衣服、打扫房间、购买生活用品、做饭、洗碗、安排家庭活动、辅导孩子作业、陪伴孩子玩耍等，这些杂乱的多任务组合，需要女性在不同的任务之间频繁切换。比如在打扫卫生时，孩子突然哭闹，妈妈就必须立即放下打扫卫生的工作，先去了解孩子哭

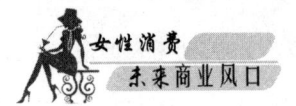

闹的原因，并给其安慰，可能在安慰孩子的同时，妈妈还顺手蒸上了一锅米饭，为即将到来的晚饭做了一部分准备……

诚然，女性在承担这种杂乱组合的多任务时，和男性一样也会承受一定的精神压力，但长期的家务锻炼，使得女性在多任务处理上比男性更有优势。实际上，商业过程服务本质上也是一种杂乱组合的多任务，企业和用户的触点已经不是购买行为一个点的行为，而是相互深入，互动接触，变成了一个关系型的整体。

在与用户建立关系方面，女性比男性更擅长，尤其是在用户的要求变得越来越过程化的情况下。在购买前，用户有多种多样的需求，在购买后用户又衍生出新的需求，关注单一任务的男性很难平衡好这种过程中的多任务，无疑，女性才是商业过程服务的"主体"。今天，商业过程服务正在改变商业的未来，善于商业过程服务的女性也在重新书写着自己在互联网商业领域和整个社会的权力与地位。

◎ 7. 不敢抛弃存量的公司没有未来

2019年9月，阿里巴巴以4022万元中标了雄安新区的BMI管理平台，消息一出，瞬间就引爆了整个互联网。不少网友纷纷发问：阿里巴巴不是做电商的吗？

什么时候跑去了建筑圈?"双十一"在即,难道不应该是想着如何准备"双十一"活动,怎么跑去建筑圈凑热闹?

事实上,阿里巴巴在这次投标中表现十分优异,综合得分91.12,排在阿里巴巴之后的第二名得分只有60.83,这样的差距可谓巨大,可以毫不夸张地说,阿里巴巴的优势完全是辗压级别的了。

在今天的商业领域中,打败你的往往不是同行,而是跨界冲出来的黑马。谁都不知道自己的下一个竞争者在哪里,会在什么时间出现,可能会以怎样的姿态出现。正如混沌大学讲师邢凯所说,"所有传统行业的从业者,几乎都没办法完成在互联网时代的重生,都等待着一个跨界打劫者的重新变革"。

不敢抛弃存量的公司是没有未来的,对于传统企业来说,抛弃自己好不容易建立起来的优势和经验,一切清零从头开始,是一个太过艰难的决策,其艰难程度远远比从零建立一个新的商业帝国更甚。俗话说"创业容易守业难",正是因为无法抛弃存量,诺基亚从全球手机老大的宝座上跌落并销声匿迹,柯达胶卷在欣欣向荣之后的新数码技术中失去优势走向破产。

存量与增量相互依存,两者在一定的条件下会相互转化。存量是发生的基础,增量是势能的发生。站在产品或产业的生命周期去看,随着时间的推移,存量会慢慢失去活力,盈利空间逐渐变小直到被抛弃。"割舍存量,拥抱增量"是企业发展的必然选择,存量逐渐老化,停滞没有出路,只有善于抓住时机,能够快速捕捉增量的企业才有未来。

那么为什么说必须抛弃存量才能有未来?

首先,增量取代存量的速度在加快。信息以最迅猛的速度发展,时代的洪流肆无忌惮地席卷了每一个企业,每一个人。去年还很火热的业务,到了今年就会快速衰退,昨天还是增量转眼今天就成为存量,成为负担、包袱。今天的消费者更加喜新厌旧,导致产品的更新速度越来越快。柯达死守胶卷市场,因占据了市场75%的份额就有恃无恐,结果潮水退去,被时代无情抛弃了。妄想以现在的业绩、现在的市场占有率、现在的品牌影响力与消费者选择的意志点去斗,用岌岌可危的存量与朝气蓬勃的增量去斗,简直是以卵击石。新兴产业的发展,随着世界一体化、协作化,产生的势能超出了我们的想象,以摧枯拉朽之势,取代原有存量的产业。以前辉煌的业绩、牛气的产业一旦被消费者唾弃,只能成为笑谈。

其次,公司架构是几百年形成的组织形态,确实是经过无数实践检验的真理,但公司架构是随着社会发展不断变迁的,只有符合社会主流形态和商业逻辑的公司架构才能发挥出本身的价值,反之则会给企业带来灭顶之灾。随着互联网时代和视频媒体时代的全面到来,传统的商业逻辑发生了翻天覆地的变化,新结构以市场为导向,盈利模式不再是正向的靠产品赚钱,而是呈现出逆盈利特征,即先烧钱拉用户,等用户多了再通过广告或满足用户需求等方式实现盈利。在这种情况下,公司进行架构调整已经成为一种必然,不能抛弃存量,就注定不能用全新的互联网思维武装自己,也就无法在互联网商业领域赢得自己的一席之地。

再次,在消费市场,抛弃旧的营销方式、营销渠道,重构基于互联网、移动互联网的营销部已经成为一个紧迫的变革任务。在广大用户天天刷直播、短视频的时代，倘若企业舍不得抛弃靠砸电视广告的塑造品牌路子，那么必定会在品牌营销上一败涂地。世界一直在变化，消费市场也是瞬息万变，昨天用户还主要使用互联网购物，今天绝大部分用户都转战移动端，手机购物成为主流；昨天用户还主要聚集在微博、微信等社交媒体上，今天用户已经集体朝着视频媒体方向迁移，用户在哪里，营销就在哪里，舍不得抛弃存量，就只能死在昨天的功劳簿上。理性只能存在于研发和生产环节当中，营销则是非逻辑的感性行为，对于大众情绪波动背后的框架，在营销界面上，企业至少需要成为一种感性动物，最好的方式，就是成为一条"宠物狗"。

最后，从企业组织的凝聚力来说，传统企业是用"金钱"来维系凝聚力的，但在互联网信息发达的今天，员工跳槽的成本越来越低，找工作也变得越来越容易，加上现在的年轻人最在意的往往并不是工资，工作环境、工作内容是否有趣、是不是有下午茶、有没有团队旅游等都是他们在选择一份工作时非常重视的因素。以"自利为中心的企业"，一旦出现了一点波动，在舆论场中墙倒众人推的现象已经屡见不鲜；今天，员工个体与企业平台的关系已经演变成了一种相互合作的关系，双方关系更趋于扁平化，呈现出更加平等的特征，在这种情况下，再和员工讲"我给你发工资，你就要什么都听我的"已经行不通了，需要用"情义"作为组织凝聚力的核心，这也正是各大企业纷纷建设企业文化的原因所在。不抛弃旧有的世界，就无法创造一个新的世界。未来的创业者需要创立一种"重情重义"的企业，人心向背在新时代的企业运营过程中，已经

十分重要。

抛弃存量简单,但我们如何找到新的增量呢?

(1)透过未来看现在

时刻关注社会、文化、经济、科技的发展动向,以极度宏观的视角,用未来的眼光看现在,大胆预测社会发展的未来趋势,那么增量就会在指定的位置、适当的时间向你走来。

(2)跳出直接竞争对手思考问题

面对竞争对手,把更多时间花在客户身上而不是如何战胜对手上,我们要直接跳出现有竞争对手去思考这个产业的发展,去思考问题,深度剖析用户的需求,定制系统完美的解决方案,严格执行落地时间表,从而赢得客户的信赖、依赖。

(3)关注技术对行业的宏观改变

技术以几乎光速的速度在发展,几天没有看新闻都觉得自己落伍了,层出不穷的新技术正在不断颠覆现有的商业模式。技术"破"了我们固有的思维,引领我们看见更远的未来。

从以供应为核心的工厂体系,转变为以需求为核心的时尚工厂体系,这是一次艰难的飞跃。"双十一"等网络购物节的火爆,体现在商品供应上则呈现出集中、量大、不确定等特点。以女装为例,今天的服装工厂都在朝着零库存的定制化生产发展,诚然,比传统的经营方式减少了风险,但同样也带来了新的问题,比如"双十一"活动前,谁也不知道哪款服装会成为爆品,一旦出现了爆品,工厂就必须在极短的时间内完成大量商品的生产，且必须保质保量，这对于工厂来说也是一个极大的挑战。此外，能否打造出爆品，也成为关系工厂经营的关键因素，注重新品设计研发成为不可忽视的头等大事。

上一代重视什么，下一代就无视什么，这是商业周期迭代的规律。在新一代的创业者看来，不能充分发挥商业价值的实体资产没有什么了不起，他们都在想方设法绕开上一代人的实体优势和商业模式，因为按照原来的路径发展企业，下一代人永远也无法战胜上一代的老对手，只有抛弃存量才能开拓出一个崭新的商业版图。

◎ 8. 互联网：生产工具和消费工具合一

近几年来，社交媒体已经悄然无息地渗透进了我们每一个人的生活，微信、微博、QQ……人们无时无刻不被互联网包围着。

事实上，在互联网诞生之前，社会主流话语权主要掌握在媒体手中，如电视、报纸、期刊、广播等，由于信息受众广泛，几秒钟的广告就可以拍出天价，而且是各大商家争前恐后抢着来送钱。但互联网的发展和自媒体的兴起，打破了传统媒体组织的垄断式"传播权"，"媒体权力"被技术发展成功解

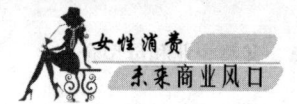

构,如今每个人都可以是一个媒体,哪怕只是一个普通的家庭主妇,也可以创办一个生活小妙招或美食或手工栏目,积累上百万粉丝,从而成为某个商家的代言人、销售者,通过获得商业广告增加收入。

在互联网创造的这个新的世界里,不管是社会文化层面,还是商业领域,都已经不再需要文化精英做代理人,伴随着自媒体的兴起,大量的show成为一种新的影响力和号召力。当前各种直播平台上的各类网红就是一个很好的证明,这些依靠直播或自媒体火起来的网络红人,其能量可不比一线明星小,在传统媒体逐渐式微的互联网时代,不少知名度很高的明星,为了不被大众忘记,都纷纷进军自媒体领域,或与网红一起直播卖货,或开通了自己的直播间,或打造了自己的微商品牌,或开了自己的网上店铺……。

今天的信息传播领域,生产工具与消费工具已经实现了一体化,只需要一部智能手机,我们就可以浏览各种各样的新闻、网页,成为一个标准的传播受众、信息接收者;但与此同时我们也可以借助手机,在网络上发布图文、视频、音频等来展示表达自己,每一个传播受众都是一个信息和内容生产者。

乔布斯的伟大之处,就在于将通信工具计算机化,这开启了一个伟大的移动互联网时代。处于家庭中的女性也拥有了一个计算节点,手机已经是一种生产工具,能够让全世界散落的女性联合起来,形成一个基于移动互联网的虚拟组织形态。

互联网和智能终端的发展,大大降低了媒体的进入门槛。互联网和智能终端就像基础设施,为建设新零售和新消费的经济社会上层建筑打下了坚实的基础。

而新零售和新销售这种新型的经济结构，为广大女性提供了更广阔的就业、创业平台，移动互联网时代是一个属于女性的时代，能否抓住移动互联网带来的机遇，直接关系着女性个体在未来的事业发展，对于企业来说，能否讨好广大女性消费者，也将成为一个事关企业生死的重要课题。

◎第二章
消费决策权是市场制高点

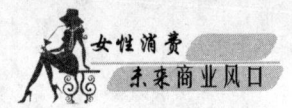

◎ 1. "她消费"时代：女性已经主导消费市场

今天的女性正在主导着越来越多的消费市场，"她消费"时代已经悄然无声地到来。

在家居消费领域，国家统计局发布的数据显示：2019年女性市场规模将达到4.5万亿元，这个体量几乎与整个家居市场体量相当。以众所周知的红星美凯龙为例，女性会员占比70%，且正在以每年两位数的比例上涨。在家居产品的购买上，女性拥有绝对决策权，女性独立决策的占69%，共同决策的占20%，男性独立决策的仅占到一成左右。

在旅游消费领域，同程发布的《2018女性旅行消费趋势报告》显示：30岁至45岁已婚男性中，71.5%的受访者表示全家出游决策会由妻子决定，男主人决策比例只有15.4%。驴妈妈旅游网2017年的数据同样侧面印证了这一点，女性用户的订单中出游人数为两人及以上的订单占74.4%。女性已经成为旅游市场的"主角"，中国家庭超七成的旅游消费决策都是由女性做出的。

在咖啡消费领域，女性的存在感越来越强。全国的咖啡厅数量从2016年的8.6万家增至2018年的14万家，据中国相关行业智库调查：咖啡厅的消费人群主要集中在35岁以下的年龄段，其中七成是女性。

在服饰、母婴、化妆品领域，女性更是当之无愧的"消费女王"。阿里巴巴统计显示：阿里系在线电商销售额中70%由女性贡献，服饰、母婴、化妆品、家居用品是女性消费者最爱购买的商品，其中服饰占89%，母婴产品占87%，化妆品占83%，家居用品占比78%。

在食品、日用品领域，女性同样是主流的"决策者"，三四线城市家庭中"女性负责采购家庭一半或以上的食品和日用品"的比例达到90%。

此外，在健康市场、宠物市场、汽车市场、房产市场、智能手机、各类电子商品市场，女性也占据着优势地位，成为消费中的"实力军团"。

中国女性的强大消费力，来自于她们在家庭中的经济地位。从夫妻家庭中的钱财管理上看，维度和腾讯理财的联合调查显示：已婚家庭中，女性管钱的占到46.95%，男性管钱的占到34.09%，各管各的占到18.97%。如图2-1所示：

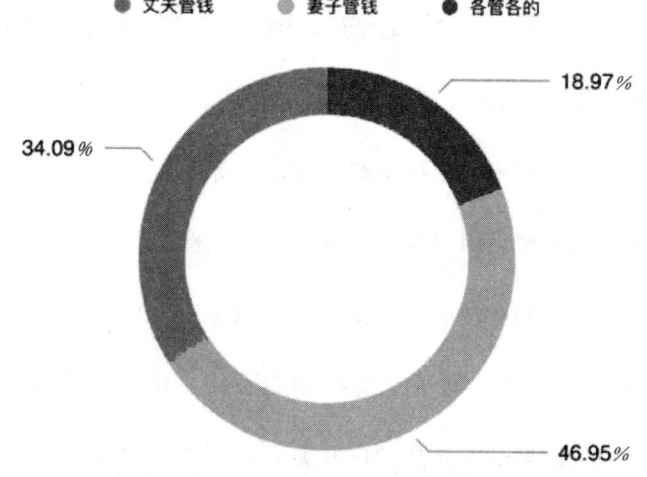

图2-1 受访者家庭中夫妻钱财管理情况

（已婚统计自身情况，未婚统计父母情况）

除了掌握家庭"财政大权"外，女性自己本身的收入也不可小觑。中国妇女杂志社发布的2018年《女性生活蓝皮书》显示：被调查者平均家庭年收入为17.6

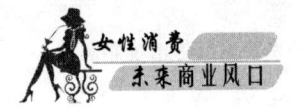

万元,女性平均个人年收入为9.2万元,在城市地区,女性已成为家庭收入的顶梁柱。

中国女性的劳动参与率近70%,可以毫不夸张地说,在全世界范围内,中国女性是最勤劳、可支配收入较高的群体之一。各行各业都活跃着女性的身影,比如淘宝、天猫平台,女性店主比例高达50.1%,八成淘宝"带货王"是女性,2018年淘宝上女掌柜年均交易额相比2014年增长超1倍,比男掌柜多增三成;在出海全球市场方面,女性创业者更是巾帼不让须眉,以全球速卖通AliExpress为例,平台上的女性创业者比例为53.67%,反超男性创业者。

如今的中国女性,不仅普遍受过高等教育,还有着越来越强的独立意识,她们十分清楚经济独立是一切独立的基础,勤奋的中国女性正在越来越多的领域中"出彩",拥有更多话语权,拥有更高收入。

"她消费"时代的到来,正在深刻改变着市场需求和购买方式,一个企业要想发展,就必须把眼光聚焦到"她""她们"身上来。

"她经济"时代下的女性消费主要有四大特点:

一是美丽消费占主导。除了众所周知的服装、化妆品、健身减肥、美容整形等,今天的女性越来越注重"心灵美",图书、电影、咖啡、旅游、演出、文创、艺术品等也受到女性的青睐,比如云南普者黑景区在《三生三世十里桃花》热播后,迅速成为女性游客游览的热门地。此外,女性不仅自己爱美,还非常注重恋人、孩子、丈夫的形象,女性的审美直接引导着社会消费的大潮。

二是非理性消费突出。在购物时，女性更容易受到环境和情感的影响，非理性消费情况很普遍。比如原本什么都没打算买，但听到商家有优惠，就立马买了不少东西，商家要想服务好女性群体，就一定要善打"感情牌"。

三是实用至上。不管经济情况好坏，女性都非常看重商品的实用性、品质、功能等，她们更喜欢经济实惠、经久耐用的商品。此外中国女性除了工作，还要承担家务，为了能有更多时间用于休息、娱乐，会更偏爱省时省力的商品，如扫地机器人、便利的主副食品等。

四是青睐名牌。在女性眼里，名牌=品质+品位+经典。相关统计数据显示：95.8%的女性更青睐于购买名牌产品，62.1%女性消费者认为，名牌"价格虽贵，品质有保证"，50.4%的人认为"名牌制作精良、使用持久"。当前，火爆的奢侈品市场足以说明广大女性消费者对名牌的喜爱。

在中国消费市场，75%的钱是从女性消费者的手里花出去的，"她消费"时代，女性才是拉动产业发展的核心动力，她们所创造的巨大需求才是未来商业的"指南针"，深入了解研究女性消费群体，对几乎所有商业领域和所有企业都具有战略性的重大意义。

女性不仅有着强大的消费力，她们还是非常优质的"客户"，蚂蚁金服微贷平台的数据显示：女性客户的违约率比男性用户低1/4。

怎样更好地为女性群体服务，如何更好地满足女性群体的需求，已经成为当今社会最重要的基础商业逻辑。

◎ 2. 80%,服务型经济的未来

党的十九大报告明确指出:"中国特色社会主义进入新时代,我国社会主要矛盾已经转化为人民日益增长的美好生活需要和不平衡不充分的发展之间的矛盾。"

近些年来,随着我国经济的繁荣发展和人民可支配收入的不断提高,我国民众对美好生活的需要变得越来越迫切,体现在消费领域则呈现出从低端价格敏感型消费逐渐发展到追求品质的中高端消费,从温饱型消费向享受型消费转变等特征。

2018年,服务业在国民经济份额中占比为52.2%;服务业的劳动就业占全社会就业的比重上升到46.3%,显著超过了第一产业和第二产业的劳动就业占比。事实上,今天的中国已经进入了服务业主导的经济发展阶段。

所谓"服务业经济",简单来说就是指营销、美业、文旅、文化、教育培训、体验、医疗、养老、陪伴等。这些服务型产业,其实对于女性是非常友好的产业。观察我们生活中的这些服务行业,很容易发现绝大部分从业者都是女性,女性比男性更擅长从事服务业工作。

美国是全球最发达的国家之一,目前美国的服务业经济已经占据了美国经济的80%,是实打实的服务业主导的经济体;与美国服务业经济相比,我国的服务业经济在未来还有非常大的发展空间。

说到美国的服务业经济，就不得不提到美国人的一句口头禅，即"Mother knows best"（妈妈最清楚），这种优势正在转化为消费市场的洞察力，成为女性在服务领域的创新机会。事实上，美国的这种现象并非个例，在中国的消费市场，同样呈现出非常明显的女性化特征。中国女性已经成为主导整个消费市场的决定性力量，作为消费者的女性自然更清楚地了解市场需要什么，什么样的服务才是更令人满意的，什么样的购物场景是令人放松愉悦的，这种对消费市场的深度认知，可以为女性在服务领域的创业提供有力支撑。

在数字经济时代，女性创业的门槛和难度大大降低了，如果说男人是工业制造业时代的"王者"，那么女人就是互联网服务经济时代的"女王"。这是一个服务业统领工业制造业的时代。在消费侧，女人用情感去营销，愈温暖、愈强大，感性特质帮助女人们赢得了更多用户，她们用社交网络去搭建消费部落，从而在线上虚拟的网络世界里形成了一个个聚集的"熟人社会"，商家与顾客多元化的强关系使得营销更加精准。

在数字社会中，男性思维可以做好所有标准化的工作，比如编程、软件开发等，但对于那些非标准化的个性化服务领域，男性思维显然难以适应，服务经济是女人的乐园。不能转变思维的企业，在服务经济领域很难有所作为，如今，女性思维已经成为不少企业正在恶补的经营技能。

尽管我国民众对美好生活的需要正在由基本生存型为主向中高端发展，向享受型延伸，但教育、医疗、养老等诸多领域社会服务供给数量不足，优质服务资源尤其短缺，供需结构性失衡矛盾凸显。我国的服务业经济还有很长的路要走，

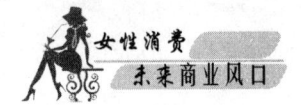

换句话说，在今天的消费市场上，优质的服务是非常短缺的，谁能为广大消费者提供更优质、更好的服务，谁就能迅速占领市场，在激烈竞争中占据优势地位。

那么，究竟怎样才能给消费者提供更优质的服务呢？

我们不妨借助服务创新的"四维度模型"来寻找适合自己的方案。服务创新有四个维度，服务概念创新、顾客界面创新、服务传递系统创新和技术选择创新。此外，还有人在此基础上增加了服务"特定创新"这一维度，把服务创新定义为五个维度。

其实，"顾客界面创新"正是当前服务业创新的核心要素之一。比如今天火爆异常的网络直播卖货就属于顾客界面创新，这种卖货方式把传统的商品图文展示升级成了动态展示商品与顾客即时互动的新购物场景。此外，知识密集型服务业也是未来服务经济的一个发展趋势。在商品越来越趋于同质化的今天，为消费者提供全方位的知识类服务，以此来提高商品溢价是一个必然的出路。如女性App"大姨妈"就是一个雏形，这款应用通过为广大女性用户提供记录经期服务、科普妇科知识等来吸引用户，最后再通过售卖商品来实现流量变现。

服务业经济时代的到来，影响的不仅仅是营销方式的转变，还会对企业创新的方向产生不可抗拒的影响。在传统的制造业时代，创新的核心主要是技术，体现在以技术创新为核心的各要素和维度创新，而在今天的服务业经济时代，创新的核心演变成了服务创新，主要体现在以服务创新为核心的各要素和维度创新。企业必须根据时代的变迁，积极主动地调整创新思路和方向，只有这样才会免于被时代抛弃。

◎ 3.需求碎片化，需求粉尘化

媒体的权力从何而来？法国著名哲学家米歇尔·福柯的话语理论给我们指出了答案。福柯的话语理论像个三角形，分别由语言、知识、权力这三级构成。

语言的力量不必多说，中国古人很早就意识到了语言的巨大影响力和权威性，《左传》中记载："道之以文辞，兵可以弭。"此处的"文辞"是指外交辞令，真正高明的外交辞令，可以直接起到消弭一个国家兵祸的作用，语言的力量不可谓不大。在古代封建社会，语言在维护"皇权天授"的统治基础方面发挥着重大作用，如《淮南子》称汉字的发明惊天动地，乃至"天降黍米，鬼哭神号"。从现代科学的角度来说，汉字的发明根本不可能出现"天降黍米，鬼哭神号"的情景，世界上也没有鬼神，更遑论其哭号。但这种说法，在古代社会中，却被百姓们深信不疑，由此可见语言的权威性力量。

在福柯看来，没有任何知识能够独立形成，它必须依赖一个交流、记录、积累和转移的系统。换句话说，知识的形成离不开信息的传播，但信息的传播必然会受到各种因素的影响，从而产生受损、失真，甚至是颠覆性的变化。中国成语中的"三人市虎"就是一个非常典型的例子，知识在传播的过程中也会被扭曲。正如哈贝马斯所说："语言交流方式受到权力的扭曲，便构成了意识形态网络。"

权力是影响信息传播的重要因素,福柯将权力定义为人类天性,是一种控制、占有并以自己为中心统一其他的潜在欲望和能力。作为人的精神意念,这种权力无处不在,四处游动,但凡有人群的地方,就会有权力之争。福柯认为"话语生产总是依照一定程序受到控制、挑选、组织和分配的",由于权力的暗中压制,话语名为表意系统,实际上却往往会变成一种"强加于事物的暴力",犹如汉语词汇中的"强词夺理、言过其实、睁眼说瞎话"等。

进入现代社会后,权力凭高科技提携,更是发展到登峰造极、细致入微的地步,并从权力意志中引出了知识意志,两者变得善恶交织,密不可分。现代的媒体产业本质上是一个认知产业,从喜欢到偏好到偏执,认知灌输是前置的,"道路千万条,认知第一条"。

在互联网诞生之前的电视作为是有垄断力的媒体垄断时代,电视台播一个广告,可以覆盖全国十几亿人,电视就那么几个台,观众没得选,绝对媒体权力产生绝对营销能力。互联网将权力分发给使用互联网的每一个人。互联网碎片化了媒体,意味着很难通过一个集中的媒体去覆盖所有用户。靠中心化大媒体起家的大品牌也因此失去了传统优势。

移动互联网的繁荣发展让人们的注意力越加碎片化。2018年《国民手机用眼行为大数据报告》显示,网友平均每天看电子屏时长近6个小时,占全天时间的24%;每天使用手机的次数达108次,即一天24小时中,每13分钟就会使用一次手机。伴随着大众注意力的碎片化,人们的购买需求也呈现出碎片化趋势,甚至碎片化都不足以形容大众购买需求的分散状态,应该说是需求粉尘化。

今天的消费者主要通过不同的消费符号来完成对自我角色的定义。每一个人只会选择属于自己圈子的品牌，因为圈子认这个品牌。品牌本来就是一种社会关系。多数大品牌没落的时候，需求也就回到了小圈子，迎来小群时代和小圈商业模式。需求也就跟着更加细碎、粉尘化了。

媒体碎片化导致了一个"万物皆媒"的时代，这是一个中心化思维撞墙而多中心思维和去中心化思维欢腾的新时代。

媒体碎片化的一个结果，就是女性在互联网开始投射自己的声音。互联网让女性获得了自主生产信息的能力。媒体社会化、媒体碎片化之后，企业品牌和个人营销的成本已经极大地降低了，现在还在抱怨营销不好做的人，多数情况下是不懂得如何使用媒体。新媒体是一匹烈马，如何驾驭还是需要好的骑手。但是从数据分析来看，女性天生就是驾驭这匹烈马的高手。

在多中心的网络社区结构中，大量的社群影响者在影响着商业和商品的交付。不管是在小群体的公关领域，还是新爆点策划传播、社会化营销，其背后的传播与原始部落中女人一边干活一边聊小道消息是一样的模式，女性有与生俱来的先天优势。在需求粉尘化的今天，企业必须采用化整为零的策略，高远的目标需要打碎，并将其隐藏在细碎的碎片化传播之中，让一个整体的网络来完成目标的整合。

有人担心碎片化时代会让人变得浅薄，实际上人的大脑具备知识整合的能力，在移动互联网时代，大脑就是将碎片知识整合成完整架构的机器。未来，女性需要面对的是一种新的对抗，即平台内容的"算法喂养"和社群影响者的个性表达，怎样在两者的对抗中找到一个平衡点，构建起自己在网络小圈子的号召力

和影响力，这才是需要担心和亟待解决的问题。

◎ 4.企业家看女性消费权崛起

女性消费大数据的最新报告显示：在美国，有85%的家庭购买决策由女性决定或影响；在中国，有75%的家庭购买决策是由女性主导的。而且有意思的是，超过50%的男性产品也是由女性购买的。不管是在美国还是在中国，"她经济"的比重正在不断增加，女性消费权崛起已经成为一个不争的事实。

有相关统计数据显示，中国女性在网购上花费的时间要多于中国全体网民的上网时间，中国全体网民每天的平均上网时间为3.74小时，而女性网购者平均每天花费的时间为4.17小时。从过去的匮乏经济到今天的过剩经济，社会的主要资源配置权力也在发生转移。

在传统的社会结构中，男性是生产的主体，但在今天这样一个"商品过剩"的时代，消费权开始成为一个重要的权力来源，不管是社会服务、商品设计还是商品供应、市场营销都开始把消费侧作为工作重点，很显然，社会的权力从生产开始转移到消费。

不妨回忆一下你逛过的所有实体商场，一楼常常都是金银珠宝、化妆品，二楼往往是女装，再往上才是男装。可以毫不夸张地说，所有商场黄金地段的消费品基本上都是女性最优先选购的商品。电商的商品陈列、促销活动等也是如此，需求方早已经成为决定市场供应的一个重要变量。今天是一个消费决定供给的时代，加之女性又是掌握消费大权的"女王"，因此由需求方所主导的市场也就逐步形成了女性话语权的范式变迁。

不论我们是否愿意承认，女性消费权崛起已经成为一个客观的、不可辩驳的事实。女性消费权的崛起对于整个社会、商业领域、职场、组织结构等都会产生方方面面的影响，那么企业家们又是如何看待这一现象的呢？

"一个成功的男人背后一定有一个伟大的女人，但马云除外，他成功的背后有千千万万的女人。"实事求是地说，阿里巴巴的发展与女性有着密不可分的关系，马云不止一次表示，阿里巴巴成功的秘诀之一就是拥有大量女性员工。在马云看来，"互联网经济是体验经济，女性在体验经济中有天生的直觉。互联网给了女性一个机会，让她们可与男性一起追寻自己的梦想"。

在首届全球女性创业者大会上，马云鼓励广大女性要勇当一把手，"女人就是票房，女人就是经济……世界在变化，我认为女性在未来的世界，将会真正成为主宰"。马云认为，女性的特质让她们比男性考虑别人更多，能够更好地做到"平衡"。服务经济时代，给了女性更多的机会，女性要勇于担当，承担一把手的责任。

今天的现代女性面临多方面的挑战，即便是成功女企业家、精明能干的女高管，社会舆论也不会因此而丝毫放松对女人做一个好母亲、好女儿、好妻子、好儿媳的要求。在这样的社会文化环境下，每一个女性创业者都要做好"付出更多"的准备。

在马云看来，没有互联网之前，男性创业机会多一点，但有了互联网，

特别是未来30年,服务性行业和大量的消费需求激发以后,女性可做的事情更多了。"大家比的不是肌肉,比的是脑子、是勇气、是智慧、是体验,而不是力量。"

潘建成认为,女性对产品或服务的个性化需求往往高于男性;女性更细心,相对更追求完美,对产品和服务的品质要求相对更高;女性处于相对受保护地位,也往往承担更多培育子女的任务,因此对人身安全防护、食品安全保障等方面有更充分的需求。此外,爱美的天性使女性成为"美丽产业"的重要支撑,其中既包括服饰、首饰等有形的女性消费品,也包括健身、塑形、减肥以及美容、美发、艺术摄影等服务型消费。

在《众筹大趋势》一书中,邱道勇告诫企业家们,必须要调整思维,为女性设计贴合的商业模式,因为今天的女性消费者手里有数十万亿元计的可支配家庭资金。女性消费权的崛起,正在重构全新的产业和商业大陆,这场基于移动互联网技术的大变革,将会引发一场新的商业潮流。

作为一名互联网公司的女高管,阿里巴巴集团首席人力资源官、蚂蚁金服首席执行官彭蕾在谈到自己成为支付宝CEO时的想法时,分享说指导自己走下去的一个信念就是"对未来的向往和不切实际的白日梦"。她认为,互联网大数据的发展,给了女性想象力更好的舞台,踏入以男性为主导的创业世界时,女性不要放弃自己的"直觉和耍赖"的权利。

从微信到拼多多,再到抖音,女性用户的数据模型已经成为大数据时代最宝贵的商业财富,如何抓住女性消费权崛起的时机,尽快转变经营思路,设计出更贴合女性需求的商品或服务,已经成为很多企业的战略性布局。

◎ 5.女性引导非刚需消费

在早期工业时代，人们的消费都是刚性需求，比如购买用于生产的拖拉机、车床以及用于生活的电话、电灯等，随着富裕程度的提高，逐渐出现了欲望型的攀比型消费，这种攀比型消费在我们的日常生活中很常见，朋友圈各种"炫富"的商品，如奢侈品包包、豪车、高端化妆品、限量款商品等都属于攀比型消费，这种消费行为最典型的特征是"不买最好的，只买最贵的"。

一些经济上富足的人，度过了攀比阶段，开始追求自我实现和自我的内在提升，由此产生的需求就是非刚性需求，比如要不要去看音乐剧，是不是要听一场交响乐，是否想买一幅名画收藏，要不要来一场说走就走的旅行，是不是要聘请私教健身等，这些都属于非刚性需求。

今天的消费社会，我们正处在一个从攀比型消费朝着非刚需消费转变的过渡期。对于今天的消费者来说，消费市场正在从实体经济过渡到心智经济，商品主要满足的是人的精神需求。也就是说，今天的消费市场主要依靠让人们去购买很多非刚需的东西来驱动。

非刚性需求，培养用户消费习惯是重点，社群是用户新习惯的孵化器。比如校外培训，就是从非刚需逐步变成刚需的，社群还加入了攀比的概念。这些事情，宝妈们是最有感觉的，没有感觉的不是宝妈。攀比心态主要表现为：自己家

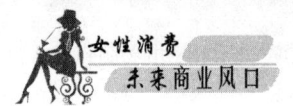

的小孩就是不能够比别人家的差。既然这样，索性那就猛砸钱、狂花时间，为了下一代、为了自尊心、为了面子上的那点事豁出去也要拼一把。

女性是非刚需消费的引导者，《2019年中国中产女性消费报告》对中国中产女性的消费情况进行了群体画像，并归纳出了典型的五大人群。

人群一：中产老母亲——停不下来的体面人生

中产老母亲生活压力大，不管是在职场上还是在家庭中都劳心费神，她们一方面很焦虑，另一方面又有着不错的经济实力，遇事有主见，独立有想法，她们渴望一直维持体面的人生，并愿意为此付出更多金钱，比较热衷的非刚需消费主要集中在孩子校外教育培训、全家出境旅游、自己职场充电再教育等。

人群二：单身塔尖小姐——悦己是人生终极目标

这部分女性单身有房，收入可观，人格独立，是典型的"精致癌"患者，也是微信朋友圈里的人生赢家，她们的非刚需消费主要是悦己型消费，比如高端服饰及家居用品、运动健身、高端护肤化妆品、微整形、旅游等。

人群三：小城中产——低负担的幸福群体

小城市的中产女性有房有车有娃，工作和生活压力都不大，她们收入一般，但负担少，消费力并不比一线女白领弱，她们的非刚需消费主要是养生、健身，大把的闲暇时间让她们有充足的时间去挑选自己想要的商品或服务。

人群四：90后辣妈——新时代的时尚引领者

虽然已经升级成了宝妈，但90后妈妈们显然对自己仍有不低的要求，她们有自己的想法，对新鲜事物接受力强，除了家庭属性的消费外，非刚需消费主要集中在美妆护肤产品、减肥健身、服饰等领域。

人群五：小镇KOL——整个朋友圈的引领者

小镇女性KOL有房有车有钱，生活富足，思想独立，充满人格魅力，她们不能影响世界，但却能影响整个朋友圈，健身、户外运动、美容护肤是她们最喜欢的非刚需消费的领域。

"女人一辈子在化妆品中花的钱是可以买房的。"这句看似调侃的话，从侧面充分反映了非刚需消费的巨大市场。"心理健康"+"身体健康"都是非刚性需求，同样是一个等待深度开发的大市场。"兴趣"变成"必须"，这种基于认知的转变，会大大扩展非刚需消费市场，这就是服务业的大空间。

未来是一个非刚性需求主导的新时代，比如去美容健身、花钱做修心、自我成长等，这些增量需求，其本质都是在构建一个女性共同价值的关系群体。

去中心化的网络媒体造就了无数的亚文化领袖，成为营销的一个重要的入口。亚文化也带来了一些反攀比和简约化的需求，开始吃素，扔掉多余的东西，一些女性的社群组织也带来新的消费文化，比如烧掉信用卡，还清债务，一身轻松，然后参加了很多提升自己的学习课程，但是一年算下来，花的钱还是不少。其实广大女性并不是不消费了，而是消费结构变了。

"企业的核心竞争力来自于你对你所选择的用户客户群的需求理解比别人高一头和深一尺。"对于那些能在消费侧拥有聚集用户强大能力的亚文化领袖，企业一定要重点关注他们的行为和团聚离散现象，这将为我们开拓非刚需消费市场提供非常有价值的信息参考。

◎ 6.泛流量已经是过往,精准流量才是未来

流量,是用户数据可以量化的时代凸显出来的一个词汇,我们可以将其简单地理解为商业街头的人流。一个实体商店,生意好不好,主要取决于有多少顾客走进这家店铺,而走进这家店铺人数又与商店位置以及商店门前经过的人流有关,所谓大河有水小河不干,经过的人流量大,必然进入商店的人数也会多。其实网店也是一样的道理,生意的好坏取决于进店点击浏览商品的人数,而进店的人数又与店门口经过的人流(即流量)有关,因此流量成为互联网商业时代的关键。争取尽可能多的流量,成了各大商家的竞争修罗场。

在互联网商业发展初期,获取流量非常容易,成本也很低,毕竟有海量的待开发人群,但到了今天,移动互联网终端的数量和网民数量已经趋于饱和,流量见顶,进入存量时代,已经成为社会共识。

在互联网和移动互联网流量见顶的时代,营销变得越来越困难。传统的搜索引擎排名、电视台广告等传统营销方式好像失灵了,有好产品,可却难以获取客户,网上开了店,也发了不少优惠券,可店铺浏览量却惨不忍睹,微信群、QQ群批量广告宣传,又常常遭遇被踢群、被屏蔽的困境,在这样的情况下,企业在营销上如何成功突围已经成为躲不开、绕不过的一个难点问题。

在泛流量时代,网络营销推广是一件非常简单的事情,限制少,方式单一,只靠着自动化宣传推广脚本工具，就能达到非常不错的效果。近些年来，随着移动互联网的快速发展，网络营销推广也在发生质的改变。首先是营销面对的客户端发生了改变，从过去的PC端转移到了今天的手机端；其次是流量渠道在发生改变，从过去的单一搜索引擎流量模式发展到了今天自媒体、App等争相分流的多流量渠道模式；最后是推广营销方式也在变，从针对大众的"广撒网"式营销到今天的社群营销。

泛流量的时代正在成为过去，精准流量才是未来的发展趋势。互联网的"去中心化"特征正在给世界带来新的改变。

一是传统权威的影响力被大大削弱，媒体霸主电视影响力的式微就是一个非常典型的例子。

二是去中心化让社会变得更多元，专业数字媒体聚集的是专业人士，非专业媒体聚集的是非专业人士，尽管有时候去中心化产生的内容常常是伪知识，但诸如"××这么吃会致癌"养生伪知识却在中老年人群中大行其道，这是社会多元化的一种表现。

三是去中心化导致并形成了多中心化的人群聚集，去中心化本身就是人们在不同的场景中重新聚集的过程。在社会中，精英永远是少数，大众在之前是围绕精英转的，但是互联网就解构了这一切，让精英的归精英，大众的归大众。大众分享大众的价值和生活，精英分享精英的价值和生活。正是这种群分，让商业营销更加精准。人群在网络上的多中心化聚集，可以有效提高营销的精准度，什么群体需要什么商品，适合销售什么产品等都是可以进行量化分析的，有助于提高现代企业网络营销的效率。

　　注意力经济时代已经过去，社群时代已经到来。对于今天的互联网营销来说，单纯追求粉丝数量的营销原则早已经发生了质的改变，追求精准流量，下沉到社群进行更加精准的营销才是发展趋势。

　　在一些商品的消费中，女性社群把握着某些关键的入口。在中国的社区营销中，67%的社区群用户都是女性，她们在这些群里进行相互的联系。这些都是宝妈，对于周边的商业具有很大的影响力，甚至口碑传播能够决定一家社区店的生死。

　　未来是属于精准流量的时代，正如柴娅所说，"大部分创业企业的数据量是非常小的，但这种非常小的数据如果深度挖掘，同样可以产生巨大的能量"。深度挖掘的数据比泛泛的大数据更重要，这是每一个互联网企业和营销从业人员都需要重点铭记的商业法则。

◎ 7.正在加速的消费侧新结构化

　　随着国家二孩政策的放开，不少女性为了生育、养育孩子而选择了从职场回归家庭，这些回归家庭的宝妈虽分散在不同的小区、城市、地区，但她们正在通过互联网重新组织起来，形成消费侧的自组织群体。

　　在互联网商业领域，"宝妈"这个词汇，可能比"大妈"这个词汇更加具备消费力。天猫平台的电商数据显示：仅2019年4月，婴儿推车的销售额就高达1.91亿元，同比增长60.8%；5月的销售额同样亮眼，为1.84亿元，同比增长35.5%。在婴童类产品中，婴儿推车数以亿计的销售额和两位数的同比增幅，可谓十分抢眼。很显然，这些婴儿推车绝大多数都是被"宝妈"们买走的。

"宝妈"强大的消费能力并非只体现在婴儿推车上，"宝妈"们背后是强大的家庭消费力。在现实生活当中，交出家庭财权的男性越来越多，女性成为家庭各类商品采购的"总管"，主导着消费侧重大结构性的转变。《2018中国不同年龄段妈妈线上消费&行为观察》报告显示：妈妈群体在母婴品类消费的贡献度已超过50%，为整体母婴品类消费的核心人群。20~35岁的妈妈们人均消费能力高于整体母婴品类客单价约30%。

以小红书为例，网上相关数据显示，截至2019年5月，小红书注册用户数量为2.5亿，比2018年社区活跃度增长5.4倍，每天有30亿次笔记曝光，UGC曝光量占比70%，小红书的用户以女性为主，男女比例在3∶7左右。其中，女性用户年龄分布主要集中在18~35岁，约占70%，用户人群与妈妈群体高度重合，在小红书的用户中，整个中等及以上消费水平人群总和将近90%，且多数以跨境购物为主，可以看出，在小红书妈妈用户的背后，其实蕴藏着的是一个巨大的家庭消费池。

以"宝妈"为代表的女性群体，正在主导着今天的消费侧结构性变革。这种变革主要体现以下几个方面：

一是善于精打细算和社交型砍价的女性，其购买行为上的偏好正在很大程度上影响着电商的经营模式。拼多多的巨大成功就是一个非常典型的例子。以女性

在拼多多上的购物过程为例,她们首先会在网页中浏览挑选自己感兴趣的商品,接着她们会通过查看商品的评价、介绍等信息来求证商品是不是自己确定想要的,然后女性会充分运用自己擅长社交的优势,找人一起抱团,从而通过分享链接让好友帮忙砍价、多人拼团享优惠等方式最终达到更低价购买的目的。男性的购买模式简单而单一,即目标——购买,显然拼多多的拼团优惠模式是专门给广大女性消费者设计的,拼多多能够在淘宝、天猫、京东的三足鼎立之下,成为电商界突然冲出的一匹黑马,也从侧面证明了女性对互联网上商业经营模式的巨大影响力。

二是女性需求侧的不断个性化,逐渐催生了向供应链定制的商业模式。以婴儿奶粉为例,在今天的宝妈们看来,宝宝的健康高于一切,为了宝宝的健康,宝妈们舍得花大价钱选择高端高品质的奶粉。比如,宝妈们对海外高端奶粉的需求已经催生出了一条完整的供应链,京东、天猫等都开通了国际频道,还出现了专门经营海外代购的电商,如网易考拉等。

三是女性对健康美的追求,引领着消费新趋势。今天的年轻女性,既要承担工作职场上的压力,还要兼顾家庭中的方方面面,加上爱熬夜等不良习惯,超过九成的女性对自身的健康缺乏自信,由此催生了庞大的健康需求。比如抗衰老成为女性护肤的"高频词",领衔女性护肤消费,并逐年递增;更注重口腔卫生,漱口水与夜间口腔护理消费齐头并进,真正武装到牙齿;在婴幼儿呵护方面追求健康环保,宝妈们不管是挑选婴儿洗护用品还是玩具、图书,都对原材料的环保程度非常关注,强大的市场需求催生出了一大批更绿色环保无害的婴幼儿商品。

在女性消费领域，正在逐渐形成女性消费者部落。每一个日常生活中的女性消费者，她的背后都有着庞大的社交网络，只要我们找到了一个人，就成功找到了一群人，这些社交网络具备很多的商业和商品交付功能。在女性消费者部落中，都是女性，每一个女性背后最多可以有上万人的群体正在等待被连接和开发。

女性带来的消费侧重大结构性转变，意味着无数的新亿万富翁的诞生。在这场转变中，女性开始和男性同台竞争。要想赢得这场竞争，深入到女性消费者部落，进一步了解互联网时代的新女性在消费行为上的偏好是非常有必要的。

◎ 8.家庭和销售场所合一

消费决策权已经成为市场的制高点，80%的女人已经把握了家庭的主要消费权，她们借助互联网和移动互联网把家庭变成了消费场所。今天的女人们，早已经不再热衷于逛街，用手机在线购物才是时下的主流。

移动互联网和智能终端，彻底改变了女人们的购物方式。这种购物方式的变革主要体现在：

一是购物地点发生了变化，在互联网电商崛起前，女人们都会出门前往当地的商业街、综合商场、步行街等地购物，而今天女人们的购物地点则脱离了空间

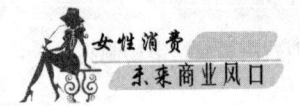

上的限制，躺在家里的床上就能买到各种各样的商品，地铁上、办公室里、咖啡厅、餐馆等都可以成为女人们的购物点，不过在众多的购物地点中，还是在家里购物占的比例更高。总的来说，女人们的购物地点从商业街、商场等变成了家中。

二是商品种类实现了爆炸式的丰富。在传统的购物中心，由于空间有限，商家们所能展示和陈列出的商品是非常有限的，女人们在购物时只能在这些有限的商品中做挑选。但互联网改变了这一切，在互联网上，商品信息的展示没有了任何限制，可以展示更丰富更繁多的商品，女性消费者的可挑选范围变得非常大，再也不必为找不到想要的商品苦恼，"逛街"挑选商品的乐趣也被无限放大。

三是商品价格的对比变得更加方便，比对成本更低。在传统的购物中心，挑选好心仪的商品后，想用更优惠的价格买到，是一件比较困难的事情。首先在其他商家那里能否找到同款是个问题，其次即便有同款，可能另一个商家离得很远，如果专门跑一趟，既要额外花费时间、精力，还可能要多出一项路费支出；但互联网彻底解决了这个问题，足不出户就可以在手机上搜索到同款全网最低价，女性的购物体验更上一层楼。

女性消费权力在互联网上的聚集形成了新的商业模式。如果把广大女性消费者理解为"消费商"的概念，那就大错特错了，女性在互联网商业领域所扮演的不仅仅是消费者的角色，同时她们还是一种新的组织创造者，比如女性消费者聚集而形成了各种各样的网上社区，小红书、宝宝树就是非常典型的例子，在社交网络与互联网商业营销推广相互交织的组织中，女性扮演着一种新角色。

在各种各样的网络社群中，女性通过分享购物经验、技巧、方法、体验等成为数字信息的生产者，无数女性在自媒体领域快速崛起，自媒体领域成为广大女性创业者的天堂，涌现出了一大批诸如薇娅、李子柒等知名女性网红。从女性自媒体创业的情况来看，绝大多数女性自媒体从业者，没有专门的办公室，家庭就是她们的舞台，在家中直播美容护肤、拍摄育儿或宠物视频，在家中撰写营销文章等，是绝大多数自媒体人的工作方式。

当消费地点与信息生产地点在家庭中合二为一时，手握家庭财政大权、擅长社交分享的女人们自然而然就成为整个社会大舞台的主角。

在工业时代，家庭内的小工业生产被称为"家庭作坊"，但是在数字社会中，女性在家庭中进行的信息生产，其实已经完全不同了。自媒体与工业时代的"家庭作坊"完全不能同日而语，工业时代的"家庭作坊"的影响力是非常有限的，即便是对当地的商业生态也往往不会有什么影响，但互联网时代的自媒体，其影响力被网络无限扩大了，一个坐在家中分享烹饪美食视频的家庭主妇，其粉丝可以覆盖全国各个城市，甚至还可以火到海外，成为全网的"明星"。

在现实生活中，从事自媒体创业的人很多，尤其是不少宝妈，在带娃之余也纷纷进军自媒体领域，希望能够获得一份不错的收入。很多独立的自媒体人，都是数字内容生产者，但实际上，很多人并没有意识到自己是一种新的社会资源的生产者，这种数字生产领域的变革其实才开始。

在数字社会中，数字信息的生产已经成为主导性的经济形式，家庭场所在经济学中之前是放在消费侧来思考的，但是在今天，家庭场所已经变成了生产和消

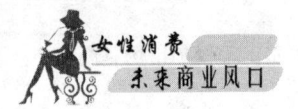

费场景的合一。女性在网络做直播、销售某一产品,或者在社交网络中去发布内容,办自媒体,这些对于地理因素,已经没有任何阻碍。

家庭和销售场所的合一,让自媒体的行业门槛变得无限趋近于零,不必专门购置设备,一部智能手机就可以充当自媒体的工具,不必专门准备可供办公的地点,家中就是最好的地方,带娃家务工作全都能兼顾。移动互联网时代,是女性创业的最好时代。

数字内容领域,人的创造力是第一位的。工业经济到作品经济的转化过程中,女性的创造力将会更多呈现出来。创造力在家庭中释放出来,女性在输出体验性的内容领域将会占据更多的优势。在自媒体领域,女性可以大有所为。

◎ 9.针对女性的商业模式更有价值

"我这辈子可能只能嫁给自己了。但我不在乎,因为老娘超级棒。""没人爱又怎样,我可以多爱自己一点。""谁说妈妈就要灰头土脸地围着娃转,做新时代辣妈才是我们的人生宣言。"……这些文案套路并不新奇,但对于广大女性来说却非常有吸引力,这些女性的自我调侃,已经形成了一种亚文化。

今天的女性,经济独立,手握消费大权,她们有想法,有要求,有腔调,不再甘愿被传统的女性角色束缚,在宽容、开放的互联网世界里,女人们内心的"小怪兽"被充分释放了出来。

以护肤品为例，过去的传统观念中，女人一旦升级成了妈妈，就成了万事以孩子为重，灰头土脸照顾孩子的大妈、阿姨，这是以前非常典型的中年女性形象。但今天的女人即便做了妈妈，也依然是"爱美"的小仙女，减肥、护肤、化妆、穿搭一个都不能省，娃都几岁了看起来还像是大学生，保养好的和初中的孩子站在一起都宛如姐姐与弟弟妹妹，妈妈们不仅自己活得精致，在孩子的穿衣打扮上也颇费心思。网上流传特别广的各种妈妈带娃与奶奶或姥姥带娃的对比照，就很鲜明地体现了两代人在孩子穿衣打扮上的态度，妈妈带的娃穿着摩登、时尚，摆个pose就是个小模特，老一辈带的娃穿着朴实无华，远远一看就是从村里出来的娃。

爱美是人的天性，也是女人刻在骨子里的追求，互联网充分释放了女性的爱美天性。从面膜、口红，到各式各样的美容仪、去皱仪，再到健身减肥、微整形，女人在追求颜值上不仅敢花，还玩出了数不清的新花样。瘦脸隐形贴、双眼皮贴、假睫毛、植发、文眉、修图、美颜、P图……女人释放的爱美需求，直接催生了一种独特的经济现象——颜值经济。

在消费方面，女人除了关注商品的使用维度，更在意商品背后价值观上的东西，为了迎合广大女性消费者的需求，越来越多的商品开始捆绑女性认同的价值观来进行营销宣传。比如德芙巧克力，抛开价值观层面的信息，德芙巧克力只是一种休闲类食品，巧克力的品牌很多，德芙之所以能够做到今天这样深入人心，就是因为德芙把商品与女性渴望的浪漫恋爱捆绑到了一起，从而把巧克力这种休闲食品打造成了恋人互送的必备礼物之一。

把商品与女性认同的价值观进行捆绑，已经成为一种新的市场现象。

"金子太冷,钻石已死,加长轿车也不过是个车子。别再假装,感受真实的。那就是迪奥真我香水。""你是我的优乐美,这样,我就可以把你捧在手心里。""我,想动就动,我,坐没坐相,我说,只有身体喜欢才是最好的,就像七度空间少女系列卫生巾,为我打造舒服的纯棉表层,我的舒服我来定,管他那几天。""懂空间,会生活,索菲亚定制衣柜。"……从香水到奶茶,再到卫生巾、衣柜,可以毫不夸张地说,今天的大部分商品在营销宣传上都打上了女性价值观的标签,连汽车这种传统男性消费领域,都开始通过展现一家人温馨出游的场面来吸引消费者。

女性审美对于商业设计的影响是巨大的,情感设计远远要比单纯展示商品更有感染力,更容易与受众产生情感上的共鸣,从而激发人内心的购买欲。互联网商业的未来,是和粉丝用户一起做过家家的游戏。在情景创造方面,女性有着男性不可比拟的优势,购物在女性看来,并不只是买东西,还是一种社交方式。如今不少网站或App都会针对女性设计购物社交情景,如针对商品的问答、评论、分享砍价等,都属于女性化的商业模式。

80%的日常消费是从女人的荷包里花出去的,女性消费权使得很多商家在选品组合上,已经对女性的行为习惯进行了针对性的模式设计。比如长期以来,女人们在网上购物都存在一个痛点,即在购买前无法看到、摸到实际商品,针对这一点,一些互联网品牌开始在线下布局体验店,如试穿、试用、拍照、分享、小课培训等。

女性从女性当红主播那里买东西,男性也从当红主播那里买东西,但新鲜好玩的新购物体验对于理性男人来说,根本就不会动心,为这些新奇买单的人,多数都是女性。换句话说，是女性在购买男性的创造力。未来的互联网世界是平的，未来的互联网商业世界是粉色的，是一个由女性主导的世界。

对于企业来说，针对女性的商业模式显然更有价值。比如消费者需求直接驱动制造企业有效供给的电商平台新业态，即大家经常谈的"红领模式"，就是一种典型的以消费者为主导的商业模式。为用户提供个性化定制服务，会成为未来的一个发展趋势，大数据助力传统制造业改革，数据工厂的个性化定制将会改变整个市场供应端的组织结构和经营方式。

◎第三章

小舍俠人

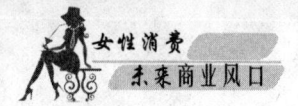

◎ 1.私域流量是新的暴风眼

在传统商业领域，渠道为王，谁掌握了更多、更好的渠道，谁就能够在激烈的市场竞争中占据优势地位，但席卷而来的互联网彻底改变了这一传统商业逻辑。在互联网时代，流量才是直接关系企业生死的关键。

在互联网电商时代，谁拥有更多的流量，谁能吸引更多流量，谁就能在白热化的竞争中占据优势地位，谁就能赚得盆满钵满，谁就能成为行业中的领头羊，流量为王是互联网时代的不二法则。

流量即力量，用户即"上帝"，只要掌握了流量，就有了用户，有了用户，就有了利润与生存发展空间。流量意味着体量，体量则意味着分量；用户聚焦之处，金钱必将随之。那么，如何才能获得更多流量呢？

如今，互联网红利见顶已经成为人们的普遍共识。十年前，中国网民数量仅4亿人左右，电商平台随意办点活动，就能吸引到新用户、新顾客，轻松获取流量带来的红利，说是躺赢也不为过。中国互联网络信息中心发布的《第44次中国互联网络发展状况统计报告》显示：截至2019年6月，我国网民规模达8.54亿，微信用户高达11亿，已经几乎不存在"新用户、新客户"了。未来，随着人口老龄化加剧，我国人口总量呈现下滑趋势，网民总量也必然会随之衰减。就整个大环境来说，互联网的公域流量已趋于饱和，可竞争却在不断加剧，进入市场的企业还在不断增加，流量获取成本水涨船高。

对于商家来说，要想获得公域流量就必须入驻各大平台，通过搜索优化、参加活动、花费用推广、配合平台办促销活动等方式来获得店铺流量及达成交易，可如今平台已经成为收取过路费的公路，大大压缩了商家的利润和生存空间。在大数据时代，数据即财富，平台的数据不会完全与商家共享，如果不能建立自己的数据资产，未来的发展必然会陷入被动，如图3-1所示。

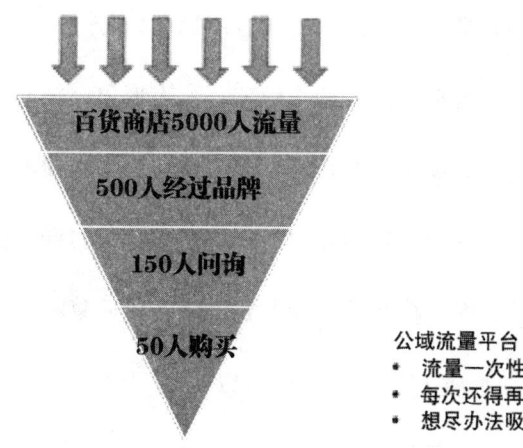

图3-1 公域流量平台

公域流量的种种问题，催生了私域流量的迅速崛起。私域流量的定义是，品牌或个人自主拥有的、可以自由控制的、免费的、多次利用的流量。私域流量通常的呈现形式是自主App或小程序、微信群、个人微信号。

私域流量崛起的背后，是企业的增长焦虑，是企业开始从流量收割到用户经营的思维转型信号。不论公司规模大小，只要能掌握私域思维，都能大大促进用户联结，增加粉丝忠诚度和销量。

如果说公域流量是一条"收费公路"，那么私域流量就相当于修了一条通往

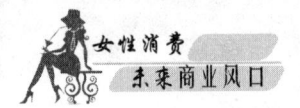

自家门口的道路，我们不用付费，就可以任意时间、任意频次，直接触达用户。比如自媒体、用户群、微信号等，也就是关键消费者可辐射到的圈层。私域流量是一个社交电商领域的概念，只要是到店里的消费者，都不再是单纯的一次性消费，而是可能会多次重复消费，成为店里的熟客、常客。

以2018年"双十一"线上大促突围而出的"彩妆黑马"完美日记为例，除了小红书运营和微博粉丝营销外，完美日记专门在广州开了两家线下体验店，每天人流量2000人，每位柜姐都会引导到店的顾客添加微信号——小完子。实际上，小完子的本质是完美日记打造的素人博主KOC，真人形象，精心运营朋友圈，经常推出促销、节日抽奖、直播等社群活动。原来完美日记在线上投放只能获得用户当场的一次冲动下单，建立私域流量以后，完美日记通过朋友圈、社群可以反复触达顾客，用直播、大促、抽奖等各种方式形成转化或复购。

私域，简单来说，本质上就是那群你可以反复"骚扰"、反复推销分享的人。换句话说，我们的通讯录就约等于我们的私域流量。在商业领域，记录客户的联系方式，发短信打电话来引导成交，一直是产品销售的重要渠道之一，这种方式被称为客户关系管理。随着互联网、邮箱、电话、微信的出现，客户关系管理的形式也在不断演变。

一份腾讯和BCG的报告显示，许多线下门店的CRM从传统的电话+门店+短信转到社交私域运营，有效互动客户数量可以翻1.5~2倍，沟通效率提高3~4倍，单次平均互动时长提高2~3倍。

私域流量是新的暴风眼、新的商业金矿。私域流量的核心是用户关系。用户相信你，愿意看你的朋友圈，知道你真心关心他，觉得你是一个懂他的人，而不是一个冷血的机器。私域流量的最高境界，就是一个有血肉、生活、感情的专家+好友。

兴趣和爱好者社区和社群等都是私域流量的存储器，但小红书、抖音、微博、公众号等算不上私域流量池，只能算是"混合域"。微博可以积累自己的粉丝，但微博流量分发很大程度还是掌握在微博运营商的手里；个人公众号活跃粉丝数量少，打开率低于1%，难以主动触达用户，也算不上私域。

实际上，每一个女性消费者都有自己的私域流量池，只要企业能够建立起自己的社区用户，就能大大提高消费者的黏性。

在传统线下商业领域，大家都知道生意要想长长久久，就不能做一锤子买卖，必须培养老客户，当信任你的熟客越来越多，那么生意自然就会越来越好。实际上，私域流量就是在网络上做"熟人""圈子"的生意，只要能够建立起信任，用户的复购率就能够支持我们把生意长长久久地做下去。在激烈的市场竞争中，用户越来越难找没关系，能把很多商品卖给一个用户也能实现巨额商业盈利。

私域流量的本质在于和消费者建立更加紧密的关系，运用品牌人格化策略可大大提高消费者的忠诚度。从微信生态到更多视频音频生态，从表达文字到表达视频，互联网技术的不断进步，使得更紧密的关系生态建设成为可能。

以红果IP孵化基地为例，其经营理念就是帮助更多企业打造自己的专属网红，通过自有网红的传播矩阵，构建足够大的私域流量。红果IP孵化基地致力于打造网红，鼓励年轻人创业的同时，可以帮助更多传统企业主，能够认清时下的商业形式，构建属于自己的私域流量。

数字时代,谁拥有大数据谁就拥有了财富,但在众多的数据当中,除了占据绝对体量优势的大数据之外,还有很多小而美的数据。小数据也是有价值的,同样是可以带来财富的资产,每一个拥有小数据资产的人,都可以成为互联网时代的小合伙人。

数字经济时代的女性创业,呈现出百花齐放的盛景:自媒体、融媒体等,成为个人品牌和个人流量的蓄水池,通过提供内容吸引网络粉丝,基于人格品牌巩固营销渠道……普通的有限责任公司,股东人数有上限,但互联网社群没人数限制,营销网络也没人数限制。海阔凭鱼跃,天高任鸟飞,我们可以肆意打造属于自己的私域流量。

下面是关于打造和维护私域流量的十条忠告,希望能够对你有所帮助和启发。

(1)有复购的商品比较适合做私域流量,一定要根据自己的商品类别选择引流方式。

(2)私域流量并不是简单的微信号、微信群,如果想做好就应该把公众号、App、小程序等都串联起来,采用多种方式尽可能多维度触达用户。

(3)私域流量属于社交电商领域,想和消费者建立信任,就要让商业味变淡。

(4)要采用消费者分级制度,花钱多的消费者就要给予优待。

(5)只靠套路和技巧,是很难经营好私域流量的,关键是要给消费者提供独特的价值。

(6)虽然建造私域流量池可以大大提高销售量,但不必把所有顾客都装进私域流量池。

（7）做私域流量，请先关注那些有高价值且愿意主动靠近你的客户，这些用户能够带给你更加惊喜的东西。

（8）公域流量仍有价值，在做私域流量的时候，最好不要放弃公域流量的客户。

（9）做私域流量只是提升销量的一种方式，而并非唯一方式，选择适合自己的方式很重要。

（10）如果你已经决定了要做私域流量，那么越早做越好，想到就做到。不要拖延，行动力就是生命线。

在此，我也向大家推荐一款好用的智能数据留存软件，会让我们事半功倍。汇脉云是一群年轻的创业者设计的一款精准获客的营销工具，它是通过内容营销的方式为营销人员提供一种新的营销思路和营销手段，并基于微信公众号强大的内外核能力为营销人员及企业搭建私域流量池。

汇脉云通过对营销全生命周期进行把握，从"营销前""营销中"及"营销后"全方位为营销人员赋能。

关于营销前的内容准备方面，汇脉云为营销人员提供了"文章发布管理系统""短视频营销系统""精美营销海报系统"及"营销互动活动系统"。

关于营销过程中的跟踪，汇脉云为营销人员提供了"用户轨迹跟踪系统""IM在线沟通触达系统"及"涨粉自裂变营销系统"。

关于营销后的效果分析方面，汇脉云为营销人员提供了"用户画像智能分析系统""精准客户筛选系统"。

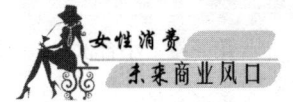

这样的营销特别符合女性的发散性思维,通过图文、视频和直播,每一次分享的信息又可以精准地回馈到发送内容方进行反馈,更加方便我们有效检索到精准用户群,做到有的放矢。有兴趣的读者朋友可以扫码体验,如图3-2所示。

图3-2 汇脉云公众号

◎ 2.以口碑为核心的新运营系统

俗话说:"金杯银杯不如消费者的口碑,金奖银奖不如消费者的夸奖。"尤其是在互联网时代,信息的传播呈现出快速、即时的特点,且打破了地域、空间和时间上的限制。短短一条差评,其传播范围并非几个人、几十个人,甚至可覆盖全国所有城市,不仅影响当下的商品交易,还会对未来的商品交易产生不可预估的持续性负面影响。在互联网时代,口碑的作用和效果被无限放大,以口碑为核心的新运营系统也应运而生。

要么获得更多新客户,要么把老客户的市场价值开发到极致,这是最简单也是最基础的商业逻辑,在互联网电商领域也不例外。随着互联网获客成本的不断攀升，做好老客户市场成为一种主流选择。

互联网改变的不仅仅是大众的购物方式，还彻底改变了信息的传播方式。在传统商业中，商品信息的传播是单向的，比如企业在电视上投放商品广告，这种单向的宣传模式，受众广，效果难以精准评估，比较粗放；在互联网电商领域，商品信息的传播呈现出鲜明的互动性，比如现在的各类购物直播，主播与消费者随时可以线上互动交流，传播目标更清晰，受众更精准，宣传效果也会更好。

从"传播"到"播传"的转变，是单向传播模式的结束，互动传播模式的开始。未来的互联网信息传播不是一对多的模式主导的时代，而是多对多模式主导的时代。口碑是商业的核心，是运营系统中的关键词汇。

在植物医生品牌创始人解勇看来，好口碑不是来自于"请明星，打广告"，而是来自于人。20世纪90年代，众多日化巨头抢滩中国市场，打包的国货品牌也声名渐起，当时塑造好口碑的做法简单而粗暴，高薪聘请明星代言人，巨资投放大量广告，"广告一响，黄金万两"真实描述了"明星+广告"的强大生命力。此后，这种"明星+广告"的宣传营销方式一直延续到今天。

在美容护肤领域，聘请明星代言人，在各种各样的媒体上投放大量广告，一直是大家通用的营销手段。然而互联网的迅速发展，催生了一个信息爆炸的新时代，当传统电视、杂志的影响力越来越萎缩，当网络上海量的信息扑面而来，"明星+广告"策略的宣传效果也在不断打折再打折。

如何吸引大众的"眼球"，如何重建新的口碑运营系统，成了摆在无数商家面前的一道难题。解勇以"人"为本，以口碑为核心，开拓了一条新的商路。

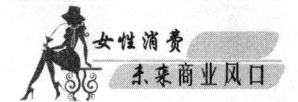

要想赢得市场，获得更多消费者认可，就必须要充分、深入了解消费者。为了更好地了解消费者，植物医生专门成立了一个IT部门，除了收集消费者的生日、年龄、住址、肤质、消费记录等与购买行为相关的基础数据外，还着力抓取包括会员爱好、生活习惯等在内的更深层次信息，以求描绘出一幅幅清晰的消费者画像。

为了紧紧抓住95后、00后新生代消费者，植物医生一方面选择赵又廷、谭松韵作为品牌代言人，另一方面也在尝试着与热播剧合作。不过，在解勇看来，品牌用艺人、娱乐来链接消费者的做法还远远不够，这样的沟通层次太浅了，只能和消费者们"混个脸熟"，没有深度的情感连接，仅仅依靠这样的方式来塑造口碑，消费者的黏性和忠诚度都难以达到理想状态。

植物医生的单品牌店模式就是解勇沉下心来研究消费者、研究零售业的一种新尝试，如今植物医生这一国货品牌已经走出国门在日本落地生根。

今天的消费者们，消费能力很强，但与此同时他们的需求也非常多元化，追求个性的特点十分突出，个人有想法、有主见，更不容易"从众"。对于零售端来说，如何培养自己的铁杆粉丝，增加用户黏性和忠诚度是关键。

在消费者群体中，女性始终占据着主导地位，有相关调查结果显示：女性粉丝的黏性以及她们对自己喜欢的东西的投入性和付出，要比男性粉丝高很多。换句话说，女人的口碑直接决定着企业品牌的整体口碑，能不能与女性进行持续沟通，是否具备讨好女性的能力，对一个品牌的未来和发展是非常关键的。

总的来说，互联网时代的女性消费呈现出个性化、时尚化、自主化、情感化四大特征。个性化，即"我希望自己与众不同"，受教育水平的提高和可支配收入的增长，使得女性个体意识觉醒；时尚化，即女性在购物时，追求潮流、时尚，希望把自己塑造成一个时尚女郎；自主化，即女性在购物时，逐渐开始摆脱家庭、环境等因素的影响，越来越以自主的态度决定是否购买某商品；情感化，即"我买我喜欢""我买我高兴"，消费升级使得女性对精神的需求更加突出，购买某商品，不仅仅是满足于商品的使用价值，还希望能够满足自己的情感需求。

优质产品和服务体验，一直都是口碑塑造的方向，互联网时代也不例外。但在互联网时代，想玩转口碑营销，还是要突破传统思维，通过用户深度参与产品制造的体验和设计的体验、媒体矩阵化整合传播等多种多样的方式，借助粉丝活动、品牌活动、体验活动、免费试用等办法，真正让好口碑扩散出去。

此外，一些重大突发事件、公关事件等也是进行口碑营销的好时机，比如当年张瑞敏的"砸冰箱"事件，就把原本的负面质量事故变成了海尔追求品质的广告和名片。俗话说"好事不出门，坏事传千里"，对于产品口碑方面的负面信息，在互联网时代，千万不可采用隐瞒、删除、打压等办法，"堵"不如"疏"，及时澄清事实，认真承认错误，争取变事故为好口碑宣传契机才是明智之举。

◎ 3.打造市场信任的新界面

2016年10月，马云在阿里云栖大会上，喊出了"新零售"的概念，在马云看

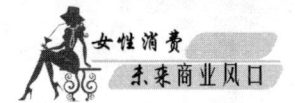

来"未来十年、二十年,没有电商一说,只有新零售"。

新零售,即企业或个人以互联网为依托,通过运用人工智能、大数据等先进技术手段并结合心理学知识,对商品的生产、流通与销售过程进行升级改造,进而重塑业态结构与生态圈,对线上服务、线下体验以及现代物流进行深度融合的零售新模式。

作为中国电商领域的风云人物,马云创办的阿里集团,其旗下的淘宝、天猫、支付宝等已经融入了几乎每个中国人的生活,他为什么会断言未来没有电商呢?

一段时期以来,线上零售几乎替代了传统零售的功能,但不管是天猫还是京东,其获客成本都呈上升趋势,线上流量红利见顶,线上零售也随之遭遇天花板。艾瑞咨询预测结果显示:未来国内网购增速的放缓将以每年下降8~10个百分点的趋势延续。在这样的情况下,唯有变革才有新出路,电商人必须打造市场信任的新界面,才能在激烈的市场竞争中立于不败之地。

那么,电商人究竟该如何变革?要怎样打造新的商业界面?

从整体社会大环境看,移动支付等智能终端的普及,进一步拓宽了线下消费市场,线下消费变得更加方便快捷高效;从消费者的构成来看,随着中国经济的快速发展,一批新中产阶级已经崛起,与低价的商品相比,他们更追求商品的品质,更愿意用高价购买高质量的商品或服务。与线下实体店的商品可视、可听、可触、可感、可用相比,线上零售则难以给消费者提供真实的商品场景,也难以像实体店店员一样为消费者提供优质的购物体验。

唯有线上线下相结合,开拓新的商业界面,才能不断满足人们对高品质、异质化、体验式消费的需求。新零售恰逢其时，必然会是未来的主流商业模式。

在新零售领域，需要打造全新的体验型界面，新零售是供应链的再造，更是面向消费市场新界面的再造。而新零售的本质，就是制造经济和流通经济全面向服务经济转型。女性在打造扁平网络化的网络社区领域，具备得天独厚的优势：与男性创业者相比，女性创业者更纯粹、更柔软、更执着；女性具有与生俱来的感性特质，用真爱做事只有女性敢想、敢干；在打造商品时，女性比男性更追求精致、完美，显然能够给消费者提供更细致、周到的服务体验。

在赫斯特媒体广告集团中国区首席执行官扬玫看来，与男性创业者相比，女性更擅长抓住产品情感诉求方面的痛点，女性敏感而强烈的"第六感"往往能够帮助她们做出用户更喜欢、更满意的产品。

身为两个孩子的母亲，郑好非常重视孩子的饮食健康。鸡蛋富含蛋白质、卵磷脂、卵黄素、维生素和铁、钙、钾等多种营养素，为了孩子的健康成长，郑好经常想方设法购买柴鸡蛋，甚至专门去附近的农村找养鸡的农户买鸡蛋。费尽心思买来的鸡蛋，谁知道两个孩子却不喜欢吃，这让郑好十分苦恼。

2016年，郑好收到了几位畜牧业好友送来的鸡蛋，让她惊奇的是，两个孩子都很喜欢吃，甚至一次主动吃两个。郑好对好友送来的鸡蛋产生了极大兴趣，并满腔热情地加入了河南爱牧农业有限公司，发起了一场"一枚鸡蛋的革命"。

打造一款"中国最好的鸡蛋"，追求完美在郑好这位女性创业者身上体现得淋漓尽致。"我相信，这是一件值得我用余生倾力去做的事情。"爱牧72小时慢产蛋（零下20℃还可以正常存活，其通过减少活动、降低热量来保持体能，保证不会被冻死）一经推出，便迅速获得了广大消费者的认可，这与郑好的匠心不无

关系。

为了让全国每个家庭都能吃上放心、健康的好鸡蛋，郑好带领爱牧做了诸多努力和探索。

爱牧选用的鸡种是有着300多年历史的北京油鸡，耐寒性、耐病毒性强，零下20℃低温仍可正常生活，是史书记载的珍禽类鸡种，也是目前国家唯一的一个不为商业化目的所保护的鸡种。

为保证鸡蛋品质，爱牧选择了最好的养殖环境，在洛阳市新安县青要山风景区内建立了养殖基地，这里负氧离子含量3000以上，没环境污染，方圆10公里内没有人烟，方圆70公里范围内没有重工业。

爱牧十分重视动物福利，每只鸡吃的都是五谷杂粮，没有任何抗生素、添加剂等，完全散养，喝着山泉，听着音乐。在养殖技术上，采用生态益生菌发酵床技术，每只鸡都有专人负责，三天才能产一枚蛋，充分保证了鸡蛋的高品质。

在产品销售上，"鸡蛋女王"十分擅长社群运营，她运用个人IP，成功打开了爱牧72小时慢产蛋的知名度，推动着爱牧的品牌知名度变得愈加响亮。

在新零售领域，女性在提供优质体验方面更有优势，在服务业中，女性从业者、管理者占据绝对主流地位，能不能把消费者再拉进门店（体验营销），答案在女性身上。

新零售最大的两个特征是TOC和TOB融合，线上线下打通。这些需要大量提供体验的场景，与效率相比，情感和关系更重要。如何用情感打动消费者，如何和消费者建立更加密切的关系，是未来新零售领域成功与否的关键，在这一新的商业界面中，女性大有可为。

◎ 4.一人一媒体，一人一公司

不管是对于传统企业还是传统电商，规模都至关重要，规模大了，成本就能做到更低，从而可以获得更丰厚的利润。但规模的背后往往是人员的增加、沟通成本增加、决策效率降低等大企业病。"新零售"带来"新机遇"。一人一媒体、一人一公司的模式正在彻底改变着商业生态。

以淘宝第一主播薇娅（viya）为例，她创造了一系列直播带货奇迹：

单场（2小时）最高引导销售额2.67亿元；

单件商品最高引导销量65万件；

单件商品最高引导销售额2700万元；

2018年引导销售总额27亿元；

……

作为淘宝一姐，薇娅的收入是惊人的，据说，她一场直播所获得的收入相当于"一夜赚了杭州一套房"。2018年，淘宝发布达人收入排行榜"淘布斯"，32岁的薇娅以年收入3000万元位居榜首。薇娅把一人一媒体的力量推向了极致，并不断刷新着大众的认知。

对于主播的带货能力，你可能会质疑；对于为什么人们会看直播购物，你可能不理解……但这确确实实是正在真实发生的事情。

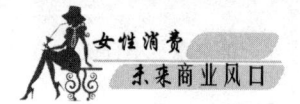

薇娅在直播界如此成功,那么她从零至今,花了多少时间呢?

2016年5月,薇娅接到了淘宝小二的电话,问她是否愿意加入淘宝直播。选择决定命运,她成为第一批转为淘宝主播的淘女郎,搭上了直播电商这趟快车。

端午节上粽子,中秋节上月饼,年货节上年货。薇娅的直播间变成了百货间,第一个零食节,第一个美丽节,第一个生活节,在淘宝造出的电商直播风口之外,薇娅成功自创了属于自己的"小风口"。

到了2017年10月,薇娅直接颠覆了淘宝直播、电商带货在大众中的固有印象。为了能有更好的业绩,薇娅在皮草开播前,去海宁找商家定制了性价比高的皮草,7000万元的皮草销售额使薇娅站到了媒体焦点,在接受媒体采访时,薇娅表示"这比消费者印象中经过多重加价的皮草便宜很多,才有了惊人的业绩"。

到了2018年,薇娅凭借皮草一战,成为淘宝最具商业价值的女主播。薇娅直播间迎来了更多的合作伙伴,宝洁、欧莱雅、飞利浦、肯德基……各行各业、不同类别,从服装到全品类,薇娅凭借直播成功构建起了一个庞大的商业帝国。

一人一媒体,一人一公司在直播行业正创造着不断刷新纪录的奇迹,以薇娅为代表的一批女性创业者,把个人品牌的力量发挥到了极致,成为互联网时代的"现象级"网红。对此,淘宝总裁蒋凡曾在公开演讲中明确指出:"以淘宝直播上的红人薇娅为例,能实现一场直播百万人观看,上亿成交额的成绩,已经不是点缀,而是未来商业模式的主流。"

在今天这样一个垂直和消费升级的时代,基于垂直型的意见领袖,会形成一种锐度,在商业领域,这是一种很有分流能力的物种。在今天的互联网大潮中,具备这种特质的女性创业者更容易获得成功。

一人一媒体，一人一公司，本质上是打造有影响力的个人IP。那么，对于我们普通人来说，怎样才能像薇娅等成功女性一样，打造出属于自己的赚钱IP呢？

（1）找准定位

没有精准定位，就难以直达特定群体，陷入"泛化"的圈子，看似受众广泛，实际上等于没有受众。打造个人IP，第一步就是定位，必须明确清晰自己的定位，行动才会有价值。我们可以从身边找定位，找定位的标准是尽量选择需求大、竞争小的细分领域市场。

（2）做好内容

诚然，美貌或者卖萌也能带来粉丝，但内容所带来的粉丝质量则要好得多，忠诚度也会更高。如果你希望自己的个人IP具备可持续的盈利能力，就一定要做好内容。好内容可以引发受众的情感共鸣，从而增加受众的认同感。优秀的内容具备原创、真实、针对、价值、积极、合法六大特征。只有原创才能形成有辨识度的IP；只有真实才能获得用户认可；内容有针对性才能抓住核心用户；内容有价值才会产生持续吸引力；内容积极合法，才有大范围传播的可能。

（3）保持互动

没有互动，再多的粉丝也会慢慢变成"僵尸粉"，难以产生商业价值。和你的粉丝互动起来，做好粉丝的维护和运营是非常重要的。单向的宣传是令人厌烦的，比如微信朋友圈，没人喜欢频繁刷屏的广告。每个用户都是产品的主角，在与粉丝互动的过程中，要让他们有参与感。

（4）广泛传播

同样是个人IP，其价值却是千差万别，导致这种价值差异的关键就是知名

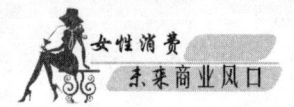

度。而知名度则属于传播的副产品,传播范围越广,知名度就会越高。这是一个"酒香也怕巷子深"的时代,想做好自己的个人IP,我们就要全面布局,采用多平台、全方位传播的办法,吸引尽可能多的人。

(5)商业转化

商业转化是个人IP发展的必然,没有变现能力的IP是没有长久生命力的,也缺乏长远发展的动力。今天的个人IP变现途径,已经不再是单纯地接广告业务,而是形成了从广告收入到自创品牌等多元化的发展途径。个人IP变现的基本逻辑是先积累再消费,谨慎透支。

作为普通人,我们只要在某个细分领域有原创内容的开发能力和对特定人群的影响力,都有可能成为该领域的个人IP,成为互联网时代的小合伙人。

◎ 5.人格体品牌与局域差异化

把手机卖成奢侈品的苹果公司,其在商业领域中的巨大的成功与其人格体品牌的经营密不可分。提到苹果手机,人们马上就会想到乔布斯,想到乔布斯打磨产品时精益求精的态度,想到乔布斯追求极简的审美,想到乔布斯把苹果推上了全球手机行业的神坛。

可以毫不夸张地说,乔布斯已经成为苹果手机的品牌象征,而乔布斯本身的一些人格特质也给苹果产品增添了人格化特色。

在铺天盖地的各品牌手机广告中，我们似乎从没见过苹果手机聘请明星代言人。聘请代言人是很多企业打造品牌形象的重要手段，为什么苹果手机从不找代言人来增加产品的人气，提升品牌的影响力和价值呢？

因为乔布斯就是最好的代言人！而狂热的果粉就是苹果手机最合适的宣传员。没有代言人，所有人都在为苹果手机代言：

从公众人物来说：2012年，贝克汉姆作为三星伦敦奥运会上的全球品牌大使，却拿着iPhone5s在拍照；2014年，魔力红乐队主唱亚当-莱文推广三星的网络帖子是用iPhone发布的；2015年，黑莓公关团队居然用一部iPhone发文推广黑莓Classic手机……

从个体消费者来说：每一个苹果手机的用户，都在有意或无意地向周围的同事、家人、朋友等分享苹果手机的信息。尤其是广大女性用户，每一个女人都是导购志愿者，只要是她们觉得好用的商品，都会积极热情地和周围的人们分享，倘若闭口不言，她们肯定会憋坏的。

没有代言人，人人都是苹果手机的代言人，这就是人格体品牌的魅力所在。苹果手机的巨大成功和人格体品牌的经营密不可分。

所谓人格体品牌，即营造一个相对封闭的营销小场景，将品牌化身为像人一样的导购，让购买者就像进入某个小剧场一样的品牌经营策略。以苹果手机为例，乔布斯的人格和精神既是苹果手机的灵魂，也在人格体品牌营销中，充当着导购的角色，每个购买或打算购买苹果手机的人，都会进入由乔布斯带领的场景中，如乔布斯"精简大师"的工作场景、乔布斯开新品发布会的场景等，正是这种人格体品牌创造了局域差异化。

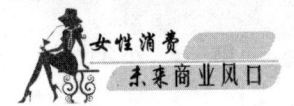

在现代社会，任何一件商品都可以轻松找到多种多样的丰富的替代品，同样是手机，所有品牌的不同型号的手机都能够满足人们日常的接打电话、发短信、网上购物、娱乐等基本需求，但这些手机的价格确实天差地别，价格差异的原因除了不同手机的制作成本差异外，最主要的原因则在于差异化。

同样一个女包，在材质、做工等全面相同的情况下，一个带有名牌商标的女包，可以卖到几万元、十几万元甚至几十万元仍供不应求，但没任何商标的女包几千元都难卖掉。这就是品牌所带来的差异化。

差异化直接决定了商品的定价，决定了企业的利润空间，尤其是在成本越来越透明、竞争越来越激烈的今天，能否打造一个有影响力的品牌，能否借助品牌的影响力做好差异化，直接决定着一个企业的命运。

人格体品牌的优势在于其具有强大的社交穿透力，可以改变局部社交小气候。给品牌赋予人格化的特质，更有利于宣传，聚美优品的广告就是一个典型案例。

"你只闻到我的香水，却没看到我的汗水；你有你的规则，我有我的选择；你否定我的现在，我决定我的未来；你嘲笑我一无所有，不配去爱，我可怜你总是等待；你可以轻视我们的年轻，我们会证明这是谁的时代。梦想，是注定孤独的旅行，路上少不了质疑和嘲笑，但，那又怎样？哪怕遍体鳞伤，也要活得漂亮。我是陈欧，我为自己代言。"

聚美优品凭借这一广告，迅速进入大众视野，企业创始人自己做代言人开始成为一种潮流。对于新生代的年轻消费者来说，够个性、够特别，才能吸引他们的目光，才能让他们心甘情愿花钱。

仔细观察那些不错的小众品牌，无一不具有很强的社交穿透力。我们在设计营销模式时，一定要设计更有锐度的模式，针对不同的小圈子去设计不同的营销方案，只有这样才能直达特定消费群体，达到更好的营销目的。"社交穿透力"是一个很重要的词汇，也是衡量营销效果的一个重要因素。

让每一个人拥有自己的品牌，这是很多互联网社交平台提出的口号。实际上，自媒体、各种社交软件都是塑造自身品牌的绝佳工具。怎样让自己与众不同，怎样把自己的人格化特质融入产品中，怎样运用人格体品牌构建局域差异化，从而扩大利润空间已经成为摆在每一个互联网创业者面前的重大课题。

◎ 6.传统的组织架构正在离散

互联网和人工智能的快速发展，正在重构传统的组织架构。

从供给侧层面来讲，精准性、系统性的特征越来越明显，随着自动化技术的不断发展，供给层面呈现出越来越精英化的趋势，价值的产生主要依赖于少数人的创新和创造，换句话说，未来没有创造力的岗位必然会被人工智能取代。在供给侧层面，男性领导力占据着优势地位，男性在硬性目标的大协同领域处于核心地位，命令式和标准化的刚性协同，是男性领导力的优势所在。

从消费层面来讲，随着商品的极大丰富，买方市场成为决定性因素，人

们的消费行为呈现出越来越模糊的趋势，情感对于人们购买行为的影响越来越突出。在消费领域，女性是主力，而真正的生态型经济，在消费侧，而非供给侧。

消费决定了供给，有市场的地方才会随之出现供应。在供给侧层面，价值链是高度的理性协作，越精确越好，但在消费侧的组织形态，则呈现出灵活快速的团聚和离散。消费侧的组织形态，是一种感性协作模式，存在着巨大的模糊空间，人与人之间的关系所主导的消费网络，和供应链是完全不同的体系。呈现出越来越模糊的趋势，情感对于人们购买行为的影响越来越突出。

在消费领域，女性是主要领导力。有调查结果显示：中国大陆"高管"女性占比11%，远高于日韩的3%。互联网领域，有越来越多的女性正在为自己的"领导力"代言。

万人微商团队长孟春丽，凭借自己的领导力，成功带领万名宝妈团队创业致富。从农村女孩到万人微商团队长，孟春丽用持续不断的学习，搭建起了属于自己的知识与领导智慧。

由于家庭经济条件不允许，孟春丽没有上过大学，但她从未停止过学习，先后报考了对外经济贸易大学、北京大学的课程，用七年的时间，相继完成了课程学习，挑灯夜读是常态。在孟春丽看来，"这是一个学习型时代，如果不能持续学习，就没有办法不断进步。对外经济贸易大学和北京大学的课程，给我后来的微商事业打下了深厚的基础"。

为了孵化和培养代理，孟春丽经常熬夜和宝妈们聊天，倾听她们的心声，解答她们的疑问，关心她们的生活。对待代理，孟春丽从不藏私，把自己做微商的经验，毫不保留地耐心传授给团队中每一个想要进步的人。

孟春丽的团队管理靠的不是条条框框的制度，而是情感上的相互支持，她为很多身处底层的人推开了一扇窗，打开了新世界的大门。这是与男性领导力完全不同的一种管理智慧。

"给全球已婚女性，搭一个绽放自我的大舞台"，爱美的陈铁梅，把"爱美"发展成了一项事业，HOT MAMA国际辣妈大赛创始人陈铁梅女士依靠自身的女性领导力，把"HOT MAMA"国际辣妈大赛变成了今天全球注目的盛典赛事。

短短四年，"HOT MAMA"国际辣妈大赛从最初几十人发起参赛的铁梅闺蜜团发展到今天全球近10个国家级赛区、50多站城市赛区、成千上万各国女性参与的国际型赛事，除了常规的赛事活动以外，陈铁梅还发起举行了各类公益活动，以自己的力量去帮助更多的人，回馈社会。

现在的领导力模型是被男性定义的，不管是哪一种主流领导力模型，都不适用于今天的女性领导力。与男性的领导力主要在公司或企业内部不同，女性领导力不在企业里，也不在公司里，而是在社群里。广大女性互联网创业者正在用自身的智慧与魅力，打造属于女性自身的领导力。

互联网快速发展衍生出来的平台经济，是新时代的一个典型现象，从本质上来说，平台公司是一种模拟生态，这种新的商业生态也会对传统的组织架构产生影响。

未来，传统的组织架构将会继续呈离散化趋势发展，在消费侧，女性领导力将发挥越来越大的作用，重视女性在社群中的领导力，充分运用女性在社群中的意见领袖地位，是商业成功的关键。

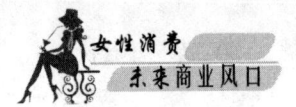

◎ 7.生产和销售已经分离

产销合一在中国的商业史上具有非常悠久的历史,从古代商业社会的手工业者自产自销到20世纪改革开放后的前店后厂式的家庭作坊,再到今天的知名手机品牌小米等,无一不是典型的产销合一商业模式。

诚然,产销合一是一种典型的成功范式,但在今天的主流商业社会中,生产和销售已经分离。经销商、代理商、带货网红,京东、淘宝、天猫等各种平台上的众多商家,超市、商场、菜市场、批发市场、家具城,普通消费者所面对的超过90%的实物商品采购渠道,其商家都只是销售者,而非同时兼任生产者和销售者两种身份。

生产的归生产,销售的归销售,从19世纪60年代工业革命至今,社会分工越来越精细,体现在商业社会中,则逐渐出现产销分离的趋势,互联网时代的到来大大加速了产销分离的速度。所谓产销分离,简单来说,即生产者把商品卖给各种类型的商人,再由商人转卖给消费者,这是一种以专门媒介进行商品交换的独立化的商人为纽带、联结生产与消费的商品运动形式。在传统商业组织架构中,各级经销商、代理商组成了垂直型的庞大销售网络;在互联网商业组织架构中,各种各样的电商平台、App或网红、名人等构成了大大小小的销售出口,形成了扁平型的密集销售路径。

改革开放初期的市场，是供方市场，生产者掌握着市场主动权，谁的产能强、谁的规模大，谁就能迅速占领市场，但如今随着国家供给侧结构性改革的拉开，各行各业的商品供给早已经出现过剩，广大消费者才是手握"生杀大权"的"上帝"，销售比以往任何时候都显得重要。

在同行竞争呈现白热化的今天，怎样做好销售，如何做好针对女人的销售才是关系一个企业生死存亡的关键。与男性消费者相比，广大女性消费者具有非常不同的特质。

从购物目标上来说，男性是典型的目标动物，他们只有在有明确的购物目标时才会去浏览商品，且一般只关注自己要买的物品，对其余物品则没什么关注度；女性则是典型的"感觉"动物，逛街也好，在手机上浏览商品也罢，她们往往并没有明确的购买目标，"现在没事不如逛会儿淘宝吧"；"最新双十二，活动力度挺大，随便看看有没有什么可买的"；"好无聊啊，不如看看衣服、护肤品"。女性虽缺乏明确的购物目标，但这并不意味着她们不会产生购买行为，相反，只要有能打动她们的地方，她们就会大方地拿出钱包。

从购物体验上来说，男性的购物愉悦主要来自于对一件产品的拥有，至于购物过程愉悦与否并不怎么看重；而女性更注重过程愉悦，她们已经从简单的纯粹对一件产品的拥有的愉悦，变成了"我对这个东西拥有的过程让我更愉悦""这个商品是最好的姐们介绍的，价格更低，毕竟姐们不会骗自己，还可以和姐们分享使用商品的感觉"。"过程愉悦"这个男人难以理解的事情，对于女人来说则是必不可少的，她们买的就是安心。

针对女人的销售是一种慢慢加热的过程。正如营销学大师科特勒先生所

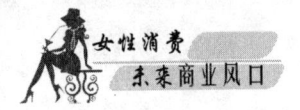

说,"要将东西卖给一个人,最好的方式就是让她的朋友来推荐"。这种过程营销,显然并不是男性的擅长领域,男人们往往并不愿意忍受对于一件商品的碎碎念和叨叨叨的过程,更不用说享受其中了。

在过程营销领域,女性往往是"主导者"。在互联网、移动互联网无处不在的今天,销售早已经从简单的售卖商品演变成一种深度的社交行为。对于女性消费者来说,购买一件商品往往并不是多么迫切需要它,而常常是因为在经常逛的某长草平台看到,或看到自己喜欢的偶像、网红推荐,听了自己身边几个朋友的口碑好评后,打算购买。

广大女性消费行为的变化,倒逼销售模式的变革,而不管是对于生产型企业还是销售型企业来说,这都是一个新事物,都是一个认知空洞。即便是在人才济济的现代商业社会,能够将生产文化与深度的社交文化恰到好处融合到一起的人也是凤毛麟角。

也许有人会说,大数据是了解消费者的"大杀器",不管男女,借助大数据进行分析,销售还不是手到擒来。诚然,大数据确实能够帮助企业更深入地了解消费者,但了解并不意味着销售成功,对于深入关系营销,基于大数据分析的营销颗粒度还是太大了。大数据在给企业提供海量的消费数据的同时,也给了女人所有的知识,但最后,女人在购买时还是听姐们、闺蜜的。

在关系营销的大背景下,显然传统的广告已经没有什么作用了。这给广大女性提供了海量的成功机会,只要你愿意,你就可以成为互联网时代的小合伙人。

实际上,小合伙人模式的核心并不复杂,只要用关系型小圈子将用户控制在自己手里即可,有了消费者,就可以自然而然地对各种商业业态进行资源链接,在帮助用户产生利益的同时，也可以帮助生产者吸引更多精准流量。对于广大女性个体创业者来说，只要能够抓住眼前机遇，懂得充分运用女性与生俱来的关系营销优势，成为互联网时代的小合伙人并没想象的那么困难。

◎ 8.人人都是小合伙人

互联网打破了传统商业的时间和空间限制，从理论上来讲，我们可以借助互联网把商品卖到世界上任何一个有人的角落，卖给任何一个上网的人，但实际上却并非如此。在互联网时代，想把商品卖给所有人往往就意味着谁也不会买。

纵观今天的企业家、商人、企业，无一不在采取"深耕细作"的经营策略。互联网在大大扩展商品的消费群体的同时，也大大加剧了同行业的竞争，一个企业的竞争者已经不再仅仅局限于本地区、本国、本行业，打败柯达的不是同行而是数码相机，这种现象在互联网时代再常见不过。对于任何一个企业、任何一个商人来说，竞争无孔不入、无处不在。

不要试图把产品卖给所有人，也不要试图赚所有人的钱，找到那些需要你产品的客户，持续服务他们，这才是明智的选择。今天的商业逻辑已经深切改变了，以前是将货卖给所有人，现在将所有的货卖给一个人，而这也正是小合伙人的价值所在。

近些年来，微商、代购、网红等的空前繁荣，用不可辩驳的事实证明了小合

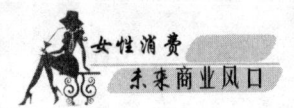

伙人的强大市场能量。在关系营销为王的今天，善于社交、编织关系的女性具有天然的创业优势，微信、代购、网红等行业的人员中女性占据绝对优势地位也充分说明了这一点。

对于广大女性来说，人人都可以是小合伙人，感性的特质能够帮助女性迅速构建起以自己为中心的社交网络，形成固定的小圈子，持续服务小圈子里的"熟人"，这就是小合伙人的商业盈利逻辑。但挑战与机遇同在，对于广大女性创业者来说，感性的力量既是成功的基石也是成功的障碍，感性的力量体现在小圈子的维护与运营中，其力量是有限的，往往很难超过150个人的圈子，如何突破小圈子，扩大自己的圈子范围是一个比较大的挑战。

关系远近是小圈子中的主导性文化。女性将自己对安全感的需求，搬到了互联网上，并在虚拟的网络社交中复兴了部落，构建起一个个小圈子，营造出一个个熟人社会。小圈子中人与人的关系非常牢固，圈子小有小的好处，人与人的关系都是在漫长的时间中打磨浸泡出来的，这样的关系牢固性更强，是一种彼此相互信任的强连接。

想当然地扩大小圈子，并不是明智之举，圈子越大，关系越远，人与人之间的连接也就越弱，这样一来，岂不是失去了扩大小圈子的初衷？关系是小圈子的主导性文化，切不可忽略关系远近而盲目扩大圈子。未来，"小合伙人联合体"才是主流发展趋势，基于"150人圈子"理论构建小合伙人矩阵，将每一个节点都封装成为150人的圈子，从而形成小合伙人体系，这才是不可逆转的商业发展路子。

同平台多个账号运营、多个平台多个账号运营、多个平台同名账号运营，早已经成为互联网自媒体、宣传营销、社群营销的普遍做法，实际上这种普遍做法的核心商业逻辑就是基于关系主导的小圈子理论。

互联网从大圈子进入小圈子，如今又从小圈子进入了小合伙人矩阵的大圈子，回过头来去看，实际上人们的关系架构已经完全变了。今天，多中心化的女性组织才是商业领域最有前景的未来。

在信息爆炸、过度营销的今天，每一个饱受广告轰炸之苦的人，都对无处不在的广告产生了逆反心理、抗拒心理。在这样的大背景下，往往低调的宣传远远要比铺天盖地的重复广而告之更有效得多。在小合伙人体系中，有着一种产品去品牌化的独特能力，彼此信任的关系淡化了品牌对消费者购买行为的影响，这为创业者带来了创立新的口碑品牌的大好良机。实际上，已经有无数企业正潜伏在小圈子矩阵里，闷声发大财，比如著名女星张庭夫妇创立的护肤品品牌"TST"，光纳税金额就高达21亿元，走的就是微商的小圈子矩阵销售模式。小圈子矩阵看似不显眼，但事实证明，这种销售模式的能量是难以用传统商业思维去估量的，无数个人IP崛起的背后，都潜藏着巨大的商机。

女性思考问题更细腻，也更容易钻进牛角尖，而小圈子、小群模式则能够很好地解决这一问题。如果说男人是从宏大的天地看世界，那么女人则是从微小的细节看世界。小群是细微之处的结合，毫不夸张地说，很多企业的命运就在女人的手指之间。

男性是以"面"来思考问题，女性是以"线"来思考问题，关系好不好是女性最在乎的，男人就完全不同了。在"她消费"时代，做好关系营销才会有未

来。在整个市场增量时代结束的时候，谁能够实现在结构上的突破，谁就能够横向切割市场，获得更大的市场份额。保持竞争的锐度，离不开小群，更离不开善于构建网络社群、精于打造关系的女性，对于每一个女性来说，这是一个人人都有可能成为小合伙人的时代。

◎第四章

新生产力：视商时代正在到来

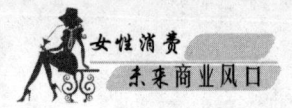

◎ 1.大视频时代带给女性的机会

中国网络视频研究中心、抖音短视频与中国传媒大学联合发布的《短视频与社会创新研究报告》显示：短视频让个体创新变得直观可见、生动有趣。2019年短视频持续保持高增长态势，独立用户数达6.4亿。

中华女子学院院长、中国传媒大学原副校长刘利群教授认为：中国女性更愿意通过短视频的形式展示自己，与他人进行交流沟通。这一看法与酷鹅用户研究院针对短视频的专项研究不谋而合，酷鹅用户研究院的研究结果显示：65%的用户安装两个及以上短视频APP，在短视频用户中，女性和三四线的用户更容易受到短视频营销影响而产生消费行为，是更具营销价值的用户群体。

女性是视觉动物，对短视频天然地具有更高接受度，这掀起了女性在短视频平台上的创新热潮。从女性创新的维度来看，抖音等短视频促进每一位女性都有人生出彩梦想成真的机会，共同推进社会进步与人类文明的发展。

在"她经济"时代，女性的消费诉求越来越受到整个商界的重视，就2019年的电商消费趋势来看，"短视频+直播"这种边看边买的消费形式已经成为越来越多女性消费者的选择。众所周知，直播可以短时间带动销量，而短视频则具备长期吸引并沉淀用户的能力，对品牌的影响更加长远。

当前，我们正在被各种各样的"屏"包围：手机屏、平板屏、电脑屏、电视屏、车载屏……在一个处处屏幕的时代,视频早已经成为一种主流的传播方式。

在互联网发展早期,读图都被视为贬义概念,被大众认为会对人的思维和思考方式产生负面影响。随着各类智能终端和移动互联网的快速普及,连昔日媒体一哥的电视也开始进入视频融媒体时代。

在2019年新中国成立70周年庆典活动中,中央广播电视总台推出了视频动图。据统计,国庆70周年庆典活动直播,电视端总收视规模达7.99亿人次,总台自有新媒体平台和第三方合作平台总体阅读浏览量达45.98亿次,其中视频直点播收看次数超过3.93亿次。今天,电视与视频的边界正日渐模糊,跨时空、跨平台的大视频时代正朝我们呼啸而来。

《2018年中国网络视听发展研究报告》披露,截至2018年,中国网络视频使用者规模达到6.09亿,占网民总体规模的76%;手机视频使用者5.78亿,占手机网民的73.4%;短视频应用迅速崛起,热门短视频应用的使用者规模达到5.94亿,占整体网民规模的74.1%。网络视听正变为大众娱乐的刚需,视频也成为各种媒体竞相延伸发展的重心。

视频的传播方式是"face to face",这种传播方式是最接近人类传播最初形态的,也是比文字、图画更易为大众所广泛接受的更优质、更高级的传播载体。当今几乎所有媒体机构都高度重视视频,可以说"无视频,不传播",在商业领域,"无视频,不生意"已经成为现实,视频是创造体验经济的主战场,不会做视频的个人和企业已经快要凉了。

大视频时代,海量的创业机会蜂拥到了女性面前,任其挑选。

一是互联网和智能终端的技术发展,大大降低了视频制作成本。30年前,制

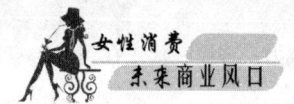

作视频需要价格不菲的专业摄影机、摄像机，从业人员需要经受过专业的技术训练，且往往需要团队合作，不管是从设备的金钱投入上还是从时间成本上，其视频制作成本都比较高昂；而今天，一人一媒体成为现实，不用专门购置设备，使用人手一台的智能手机就可以拍摄视频，不须专业训练，拍摄的傻瓜式操作，加上各类便捷好用的视频剪辑制作小软件、小工具，一个人不须投入多少金钱和时间成本，就可以拍摄出品质还不错的视频。制作视频的成本正在无限趋近于零，原本被明星和大V垄断的视频高成本门槛，已经被技术彻底打破。任何一个拥有垂直领域知识经验的人，都可以通过视频传达的方式吸引粉丝，成为某个领域或圈子中的偶像。

女性是天生的"表达"王者，与男性相比，女性在自我表达、与人沟通、自我展示方面具有与生俱来的优势，低成本的视频制作技术和繁荣发展的互联网，为广大女性自我表达、自我展示搭建了舞台，提供了更多、更优质的商机。

二是视频给商业中的消费场景创造了无限可能。"屏屏可传播、处处皆入口"的全媒体传播时代已经到来，有研究认为，智能终端将在3年内从如今的亿级爆发至百亿级。车载屏、柔性屏、智能音箱、智能机器人等新终端，正在不断为用户提供新的使用场景。要想把商品卖出去，要想在激烈的市场竞争中赢得一席之地，就必须要掌握这些新终端入口，那么我们凭什么掌握这些新终端入口呢？答案很简单——视频，用户感兴趣的视频。优质视频内容的生产，必然是基于我们对用户需求和消费场景的理解洞察。在这一方面，女人才是绝对的专家。

女性丰富的感知力、想象力，使得她们每一个人都是天生的"生活家"，李子柒的巨大成功无疑很好地证明了这一点，田园牧歌式的生活固然吸引人，但实际上每一种生活方式都有自己的视频表达方式。每一件商品背后都不再是商品本身，而是活生生的生活方式，男人很少能够成为生活家，男人多数都是事业家，这个角色由女人来担任才会更好。

娱乐营销、生活方式营销已经成为很多企业营销的标配，销售的对象已经不再是单纯的商品，而是商品背后的文化意义、思想内涵，倘若没有多样化的消费场景支撑，那么在今天这样一个商品无比丰富的时代，想赢得消费者是非常困难的。在吸引用户、与用户建立长期友好关系方面，女性具有发言权，此外在渲染网络狂欢的气氛方面，女性也是佼佼者，近几年来的"双十一""双十二""6·18"等购物节，说白了就是广大女性带动起来的，只要有优惠，不需要买东西也要囤货，"她消费"时代，女性说了算。买东西的人才更了解消费者的心理，才更容易和广大消费者打成一片，建立友好关系。女性更善于组织活动、制造热点，未来不能制造网络狂欢的公司将很难站在时代的潮头了。

在大视频时代，做商业就是做视频，谁视频做得好，谁就能够给消费者提供更丰富的消费场景，从而实现商业上的成功，"场景融合"将是未来企业需要重点研究、重点关注的重要商业节点。

也许有朋友会说，现在到处都是直播、小视频，竞争如此激烈，在这种情况下"入坑"岂不是连汤也喝不上？有机构预测，未来5G网络数据流量视频占比将达到90%。现在我们看到的短视频格局仅仅只是传播视频化的一个开端，接下来会出现更丰富的视频传播样态。4G时代，抖音等局限性的视频媒体诞生了，但这并不意味着视频时代的繁荣巅峰，5G时代，大视频时代才会真正到来，届时视频会成为一种新的生产力，视频时代的女性机会也就在于此。

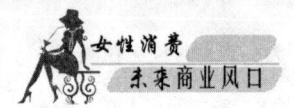

◎ 2.所有的内容都值得用视频重做一遍

从宏观的角度看，世界经济的发展经历了四个阶段：一是产品经济时代，当时商品短缺，供不应求，谁控制着产品或制造产品的生产资料，谁就主宰市场，统治经济；二是商品经济阶段，随着工业化发展，商品不断丰富并出现过剩，供大于求，市场竞争加剧，利润越来越稀薄；三是服务经济阶段，为了加大商品的差异化，增加利润空间，企业开始重视与客户的关系，并通过给客户提供额外服务，体现商品的个性化形象；四是体验经济阶段，也就是我们现在所处的经济发展阶段，与服务经济阶段相比，如今的企业和商家更追求顾客感受性满足的程度，重视消费过程中顾客的自我体验。

体验经济即从生活与情境出发，塑造感官体验及思维认同，以此抓住顾客的注意力，改变消费行为，并为商品找到新的生存价值与空间。在今天的互联网商业逻辑中，商品不再是交换的主角，而仅仅是一个使顾客融入某种场景的道具。

同样是女包，同样是牛皮制作，同样的款式，在使用功能上可以说并没有什么差别，但在市场上的价格却可以一个天上，一个地下，杂牌牛皮女包几百块，奢侈品女包则可以卖到十几万元，几十万元，一个更高端的知名设计师手工定制女包更是价格高昂。那么，导致这种价格差异的根本原因是什么呢？是商品本身吗？显然并不是，导致价格差异的原因是女包这一商品背后的消费场景和文化符号。购买名牌、设计师私人定制女包，意味着经济富裕、追求高品质生活、精致等，广大消费者愿意高价为这种商品背后的体验买单，在这一消费行为中，女包只是一个让消费者融入品牌所营造出的特定场景的道具。

体验经济在本质上是个填空题，有大量的内容需要未来的企业和个人去填空。从逻辑上来讲，体验经济就是内容经济。那么，如何呈现内容、构建场景呢？在大视频时代，单纯使用文字、图片注定不会有什么好效果，做视频、做优质视频，这才是最明智的选择。

事实上，所有的内容都值得用视频重做一遍。在互联网时代，一个失语的企业是没有未来的。当绝大多数网民都在刷视频，懒得看文字、看图的时候，一个固守在文字、图片表达方式上的企业也是没有未来的。把既有的不同表达方式的优质内容，重新用视频再做一遍，用如今消费者们最喜闻乐见的表达方式呈现出来，这在商业领域中是非常有价值的。

以文化产品为例，"全媒体开发"已经成为整个产业的共识，电视剧、电影、漫画、小说、游戏、娱乐节目、周边产品、短视频等全面开花的文化产品不在少数，同样的故事，看完小说的读者们照样会去追电视剧、电影、动漫，如今在网络文学影视化的过程中，书粉数量的多少已经成为衡量整个IP影视化商业价值的重要因素。

所有内容都值得用视频重做一遍，即便是早已经被大众熟知的常识性内容，把菜谱转化成烹饪视频，把手工步骤转化为手把手制作的直播，把摄影作品转化为拍摄摄影作品全过程的视频……都会产生新的商业价值。

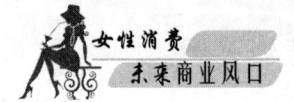

尤其是在制作视频初期，选材、内容、构思等需要花费不少的精力，这时我们不妨将以往的图文或其他载体形式的内容，用视频重做一遍，一来可以节省一部分时间和精力；二来可以帮助我们进一步熟悉视频的表达方式，积累一定的经验；三来也可以让我们对视频的受众情况做一个基本的了解，获得一些基础性的反馈，为后面的视频策划、制作工作提供更多有价值的信息参考。

弹幕、表情包、漫画式的旁白……今天的视频在不断翻新着各式各样的表现方式。多种多样的剪辑思路，不同受众们不断变化的口味等，都是做视频内容必须要考虑到的问题，只有与时俱进，紧跟受众，才能不断提高商品的曝光率、转化率、成交率。

这是一个信息大爆炸的时代，这是一个酒香也怕巷子深的时代。生活在农业时代和工业时代的人，只要认真埋头做事就可以了，但在互联网时代，一个人的价值成果取决于其话语权，如果只是埋头做事而没话语权，那么必然会逐渐沦落到市场中的最差位置直至被淘汰出局。不管你是生产者，还是销售者，在今天，都必须充分认识到话语权的强大威力和重要性，都应当学会运用视频去争夺大视频的话语权，这是当今商业领域中必须具备的求生技能。

视频时代的到来，让各类视频空间成为互联网上的流量大本营，随着贴吧、论坛、QQ空间等"老派"的网络社交空间人气不断流失，聚集大量流量的视频空间成为新的商业空间，网红带货直播、以李子柒和手工耿为代表的个人直播等，都具有非常大的商业价值。整个互联网商业世界，逐渐演变成了一个个频道，多种多样的视频汇集成五花八门的商业空间。

从商业空间的视频空间分类来看，既有个人视频表达空间，也有企业视频表达空间，既有以美妆、手工、宠物等为主题的兴趣视频表达空间，也有以烹饪、运动、娱乐等为主题的生活视频表达空间，要想真正做好自己的视频空间，就一定要找准适合自己或适合自己所销售商品的内容分类和定位。

所有的内容都值得用视频做一遍，分类和定位非常关键，只有真正明确了具体的目标，我们才能知道怎么做视频，做视频给谁看，选哪些内容做，做成什么样子……

那么，究竟如何制作短视频，才能撩动广大女性消费者的芳心呢？

（1）一定要有颜值

对于广大爱美的女性来说，颜值绝对是排在第一位的，与普通包装相比，女性对包装精美的商品更没抵抗力。短视频也是如此，有颜值的视频才能给广大女性消费者带来更好的视觉体验，从而激发她们的购买欲望。

（2）调动女性的分享动机

每个女性都是一个移动"种草机"，能够调动女性的分享动机，可以给企业省不少营销费。女性消费者分享产品的动机并不是纯粹地觉得产品好就会分享，而是产品不管是使用还是分享，都能让消费者"有面子"。短视频要体现出有品味、懂审美、会生活、有趣、有钱等"属性加成"，这样更容易打动女性。

（3）紧贴产品、细分需求

要想提高短视频流量的转化率，在制作短视频时就必须要紧贴产品，风格要和产品调性一致，以便给消费者带来一致的体验。此外，丰富的商品样式让用户的选择余地也越来越多，不少女性消费者追求打造自己的个性化形象，因此细分女性消费者的需求，并根据她们的不同需求制作短视频是十分必要的。

(4) 用视频提升服务体验

新时代年轻女性,在消费上更讲究性价比和服务体验。短视频本质上也属于服务体验中的一环,会对女性的消费行为产生直接影响,因此在制作视频时,一定要尽可能给女性用户提供更优质的服务体验,比如有些商家制作短视频全案,就可以通过提升服务体验来增加转化率。

◎ 3.人性不笑肤浅,高颜值会产生"溢价效应"

"颜值"是当今网络上的热门词,衍生出了"颜值担当""始于颜值,敬于才华,忠于人品""颜值在线""颜控"等一系列的网络用语。爱美之心,人皆有之,爱美是人的天性,随着时代的不断发展,大众对美的追求也在不断升级。

在互联网的大背景下,"颜值"意味着关注度,而关注度即流量、金钱。换句话说,在现代互联网社会,颜值真的很值钱。这主要体现在四个方面:一是颜值可以创造产品的特殊竞争力,增强产品在消费者心目中不可捉摸的溢价空间及价值感;二是当下互联网时代,长得美可能获得更高的收益;三是消费"颜值"经济是趋势,美业蓬勃,化妆品不仅仅是女性的专利,也成了看脸时代的新增长点;四是颜值从一定意义上来说是取悦消费者心目中非标评估的重要因素,外观的美观也形成了在大量功能同质化产品中的竞争力，这也是这几年IP盛行的原因，"我喜欢"大过于"我需要"。

对美貌的追求是人的天性。高颜值会产生"溢价效应"，并能在一定程度上为高颜值者带来额外的好处。英国刊物《经济学人》的一项研究显示：不管在大猩猩社群还是今天的西方发达国家，领导人要达到职业生涯的最高点，相貌（包括身高、肌肉、语音语调）和成就同样重要。韩国一篇名为《婚姻和劳动力市场的整容手术效应》的研究论文指出：颜值和终生劳动力总收入呈较强的正相关性，颜值最高的女性收入比颜值中等的女性收入高11.1%，颜值最高的男性收入比颜值中等的男性收入高15.2%。著名经济学家丹尼尔·荷马仕对"颜值对实现个人价值所能起的巨大作用"这一问题进行了20多年的研究，他在《颜值与劳动力市场》的论文中也证实了这一点。

纵然是新生的婴儿，也会在成人世界公认的漂亮脸蛋上驻留更久目光。如今，互联网让世界越变越小，让人们的社交圈越变越大，颜值的作用与地位也得到了史无前例的提升，拥有高颜值的人往往能够得到更多关注与机会，在这样的大背景下，天性就非常爱美的女性可以获得更多的机会。

打开"抖音"，美女远远要比帅哥多得多，满屏的美女，清纯的、可爱的、高冷的、性感的、娇蛮的，各式各样的高颜值女主播，给个人和平台带来了源源不断的流量；打开小红书、淘宝直播等，一样是满屏的高颜值女主播，她们让整个世界24小时都是网络狂欢节，给商家带来了一波又一波的订单和财富。女性泛娱创业成为一股挡不住的互联网商业大潮。

在商业社会中，"颜值"一直是宣传营销的利器，在宣传营销活动中，女

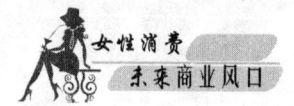

性"颜值"占据着绝对统治地位,车展就是一个非常典型的例子。车展中的漂亮女模特一直是广大媒体、民众津津乐道的话题,各大汽车厂商都会借助漂亮女模特的"颜值"影响力给自己的产品增加曝光度、话题度,事实证明,这确实是一种行之有效的宣传营销办法。与男性相比,女性更具有亲和力,更容易被大众接受,也正是因为如此,在商业领域,女性"颜值"远远要比男性"颜值"值钱得多。大视频时代的经济本质上是"眼球经济","颜值"即流量,手握"颜值"利器的女人们,迎来了泛娱创业时代。

尽管并不是每个人都天生丽质,但人人都有一颗爱美的心。随着人们物质生活的不断富裕,对美的追求便催生出一系列围绕颜值的消费行为,如化妆品、医美等,"颜值经济"得以兴起,并迅速获得了空前的繁荣发展。数据显示,综合拍照、化妆品、服装配饰、医美等六大重点行业,"颜值经济"市场规模目前已达到万亿元级别。

究竟是什么推动了"颜值经济"的快速发展?

一是收入增长推动颜值消费升级。根据国际经验,一旦人均GDP超过5000美元,居民消费就会进入升级快车道。2019年,我国人均GDP超过1万美元,当前中国正处于中高端消费的快速提升期,再加上不断增长的中产阶层人群,以及地位和身份认可带来的对自身形象的重视,广大民众越来越关注颜值消费,这为"颜值经济"的发展提供了强大动力。

二是当前中国新一代的消费主力军,其消费能力是上一代人的两倍,更敢花钱,更爱花钱,在消费偏好中崇尚个性,追求品质,关注新鲜和刺激性事物。在网络社交兴起的大背景下,绝大多数年轻人都愿意通过化妆、自拍、晒照或者P

图等方式来收割朋友或粉丝的"点赞"。在这种心理与他们较高的边际消费倾向的共同作用下,围绕颜值的消费自然越来越多。

早在2018年天猫就发布颜值经济报告:2018年天猫的美妆消费者突破3亿人,年轻化趋势明显。2020年1月,Mob研究院发布的《2019中国颜值经济洞察报告》称,2019年中国"颜值经济"App活跃用户规模接近4亿,如图4-1所示。

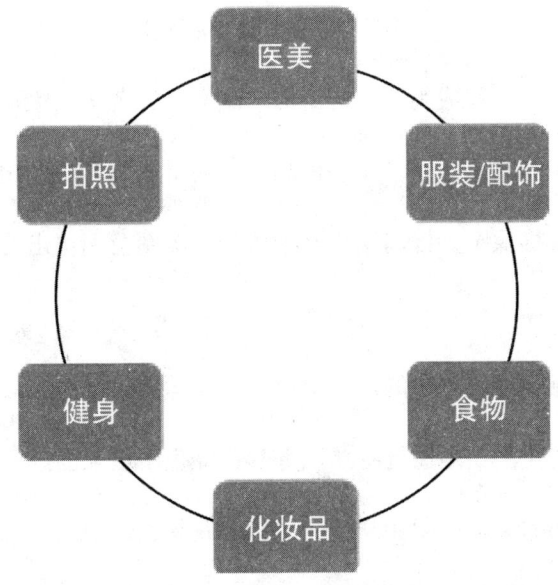

图4-1 "颜值经济"兴起的六大领域

下面我们以医美、拍照、健身为例来分别说明"颜值"背后蕴藏的巨大商机。

如今的医美行业已经成为继房地产、汽车销售、旅游之后的第四大服务行业。ISAPS(国际美容整形外科学会)的统计数据显示:我国已经成为仅次于美国和巴西的全球第三大医疗美容国家。据BIMT评估,到2020年,我国医疗美容市场将达到4640亿元规模,年均复合增长率达到38.14%,如图4-2所示。

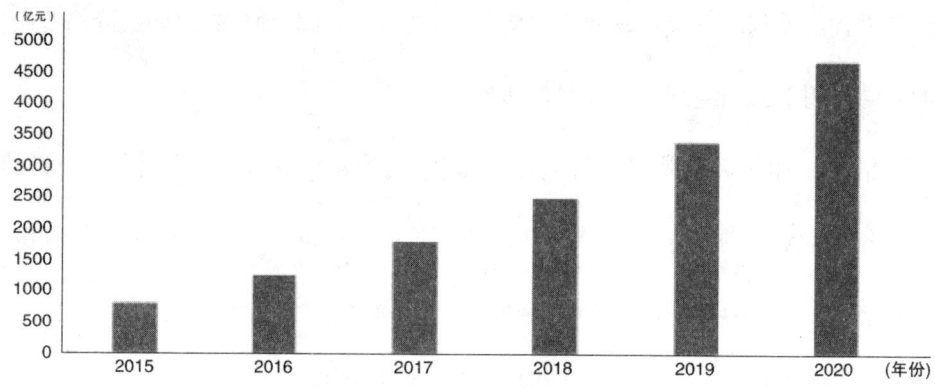

图4-2 我国医美市场规模

关于拍照,现在已经成为人人必备的"刚需",各大商家都在抢滩"颜值经济"的拍照市场,如华为、小米等手机品牌纷纷推出自带美颜功能的手机,苹果手机也在完善前置摄像头来提高用户自拍体验,美图公司推出美图秀秀、美拍、潮自拍等一系列产品……

健身也是"颜值经济"中的重要组成部分,运动、健康、减肥、增肌、塑形等走进了普通人的生活,全民健身意识觉醒,催生了更大的产业价值。艾瑞的调研数据显示:50%的运动健身用户经常去健身房锻炼,10.4%的用户每天都会健身,44.7%的用户每周健身2~6次,32.6%的用户每周会健身一次,这意味着近九成的健身用户每周都会健身。此外,团课、私教等额外付费的附加值服务也越来越受到更多人的认可。

可以预见的是,在医美、拍照、健身、化妆品、服装配饰等"颜值"领域,在未来有着非常广阔的发展前景。颜值并不肤浅,相反它非常值钱。在"颜值经济"如火如荼地发展的今天,怎样捕捉消费者的"爱美"特质,借力其"变美"需求释放营销效能,是每一个企业都要重点思考的问题。

◎ 4.个体崛起，跟使用媒体的效能成正比

互联网在给我们带来无限便利的同时，也在重新定义着职业与个人价值。在线沟通、远程工作、自由职业者……互联网正在潜移默化地改变着人们的工作方式，技术的进步日新月异，"瞬息万变"成为商业社会的常态，追求"铁饭碗"的观念早已经过时，让自己拥有更强的市场竞争力才能立于不败之地。

今天的消费者，需求更加多元化，尤其是碎片化的需求，催生了庞大的个性化服务市场。批量的工业式服务显然无法满足今天的市场需求，以个人为中心提供服务成为"刚需"。互联网"去中心化"的特性，大大降低了获取信息的成本，随着各大网络平台的愈加完善，创业成本越来越趋近于零门槛，人人创业成为可能，个体经济崛起成为新的经济发展趋势。

《哈佛商业评论》提出：新经济的单位不是企业，而是个体。那么，何为个体？通俗来说，个体就是做自己的老板，自己给自己打工，自己做自己的事业。每个人都处在一定的社会关系中，在能力、背景、社会职位等方面各不相同，但互联网的去中心化给大众提供了"个体崛起"的机会，人人都有希望成为"超级个体"，对市场和公众产生强大影响力。

互联网时代，商业社会的组织结构正在发生着巨大的变化，个体经济开始大放异彩，知识付费界的罗振宇、网红中的李子柒、主播中的薇娅等无不是"呼风

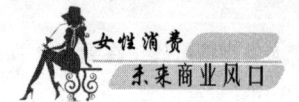

唤雨"的超级个体，在互联网强大传播力的加持下，个人的影响力被放大，拥有强大号召力的"超级个体"成为可能。

从本质上来说，个体的崛起，与使用媒体的效能密切相连。在远古时代，人的活动地域很小，传播主要依赖于人与人的直接沟通，传播媒介效能低下，单个个体的影响力也非常有限，最多可以影响到本部落和临近部落的人；到了封建社会，马车、驿站等使得人的活动地域扩大了，传播除了依赖于人与人的直接沟通，还可以通过书信等联系，传播媒介效能得以提高，单个个体的影响力扩大了，但还是非常有限；到了电气时代，广播、电视等的出现，让传播效能得到了大幅度提高，个体的影响力再次扩大，但这种传播是单向的，缺乏反馈机制，因此传播效能被限制在一定范围。

在今天的互联网时代，传播效能得以充分释放，人们可以随时随地与任何人进行沟通，且能快速实现即时双向沟通。信息的传播路径直接升级成了快车道，信息的传播速度比以往任何一个时期都要快得多，得益于媒体效能的提高，个人的影响力被放大了无数倍，个体不仅可以对本城、本地区、本国的公众产生影响，甚至可以在整个世界都掀起属于自己的个体风潮。在互联网时代，不管你是在职场上游刃有余的精英还是未走出校门的学生或风烛残年的老人，借助互联网媒体的传播效能，人人都可以成为"名人"，每个人都可以成为新崛起的"超级个体"。

"视商"时代的媒体传播效能将获得更大程度上的提升，在虚拟网络世界，人与人之间的互动不再仅仅停留在文字交流、语音交流上，即便是陌生人之间，也可以随时随地通过直播、视频的方式进行即时互动。有相关研究显示：在人与人的交流沟通过程中，语言传递的信息只占7%，其他诸如声调、表情、肢体动作等传递的信息占到93%。由此可见，肢体语言对于信息传播的效果有着非常巨大的影响，"视商"时代，各种各样的屏幕就是表情、肢体动作最好的传播载体，直播、视频的传播方式最大限度地保留了人的肢体动作，因此可以大大减少信息在传播过程中的损耗，提高信息传播的效率。

未来，随着VR技术的不断发展和升级，我们有理由相信，即将到来的5G时代，可穿戴的虚拟设备等，将会使虚拟网络中人与人之间的交流沟通更真实，届时信息在传播中的损耗将更少，传播效率也会更高。个人在网络上的影响力可随之得到进一步扩展。

在"个体经济"不断发展的今天，互联网重新定义了个体的价值，在超级个体经济的商业机制中，个体不再是单纯的消费者身份或生产者身份，而是升级成为整个经济链条中的一个节点，扮演着生产者、销售者、传播者、消费者等多重角色。那么，该商业体系的运用原则是什么呢？答案很简单，即消费溯源利益分配原则，整个经济链条中的每个人，只要把自己的特长发挥到极致，扮演好自己的角色，就可以获得整个产业链的利益分配。

以女装行业为例，A很擅长生产，B最擅长写文案，C的美工技术炉火纯青，D精于商品推广，E是家庭主妇。在去中心化的平台中，A只须把产品放到平台上，就会得到文案B、美工C、推广D的支持，从而获得以E为代表的终端消费，在这一过程中大家都会得到相应的利益分配。E消费后觉得商品不错，把商品推荐给了F，那么此时E的角色就变成了推广，在这个经济链条中，个体角色可以相互转化，从而交织成整个社会运作消费溯源利益分配机制生态网。

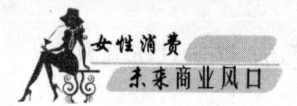

未来,随着区块链或其他新技术的发展,可能连平台都不再是必要的,个体崛起是不可逆转的经济发展趋势,在互联网的去中心大潮下,一家独大很难适应这种多样化的消费场景,只有多样化的个体相互配合才是明智之举。

◎ 5.内容审美主导用户分流

20世纪,大众获取信息、内容服务主要是通过电视、广播、图书、杂志、报纸等,内容服务提供商占据市场主导地位,提供什么,大众就只能接受什么,整个信息、内容服务行业都处于供不应求状态,作为消费者的大众没有太多选择权。

互联网的快速发展直接带来了信息大爆炸。今天,只要借助手机、电脑、平板等任何一个互联网终端就可以获取海量信息,大众逐渐获得了绝对自主选择权,在海量的信息面前,人们会自动选择那些自己感兴趣的内容,而忽视其他内容。大众对内容信息的偏好,自然形成了用户分流。

随着互联网获客成本的不断增加,今天的互联网几乎已经没有新用户了。QuestMobile的统计数据显示:2018年上半年,中国移动互联网活跃用户规模达到11亿,增幅为0.4%。今天,移动互联网流量天花板触顶已经成为整个互联网行业的共识。

在难以获得新用户的情况下,各商家只能进入存量战场,通过抢占用户的使用时间来巩固或扩大自己的市场影响力，如何通过内容吸引更多用户，怎样在内容审美主导的用户分流中分一杯羹成为摆在企业和个人眼前的一个重要问题。

以今日头条为例，在给用户提供内容服务的同时，为了增加用户黏性，真正留住用户，今日头条为用户提供了内容之外的附加价值：一是任何一个用户都可以注册成为今日头条平台的作者，通过发布内容获得关注，获得报酬；二是任何一个用户只要阅读了今日头条的信息内容，就可以获得相应积分，积分可兑换成金钱并提现。在这个商业闭环中，不管是单纯阅读内容的用户，还是职业的自媒体写作者，或者兼任两种角色，都可以从今日头条的平台上获得收益。此举确实是抢占市场的撒手锏，不少内容平台尤其是初创期或发展期，往往都会通过这种方式迅速"吸粉"。

从长远发展角度来说，这种通过"利诱"干扰用户的内容审美与偏好的办法注定是走不远的。原因有二：一是"利诱"来的用户，实际上并不忠诚，一旦其他平台开出了更好的条件或平台的"补贴政策"调整，就不得不面对用户大量流失的境地，甚至有的用户就是单纯冲着平台的"利"来的，拿完丰厚的"补贴"就立即卸载的"羊毛党"防不胜防；二是用户的内容审美与偏好是一个相对稳定的因素，并不会因为某个平台的"利诱"就发生大的改变，"利诱"的策略注定只能短暂起效，要想真正留住用户，关键还是要抓住用户的内容审美。

内容是平台基础，也是商业增长的核心。在互联网平台上，任何人都可以创作有价值的内容，成为内容提供者。从广义上来说，自媒体的内容范围很广，但切记不要指望创作的内容能吸引全部用户，优秀的内容确实更抓人，但用户的内容审美是不可忽视的重要因素，一篇写健身的文，写得再好也难以吸引非健身人

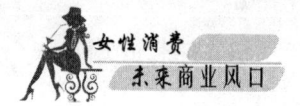

士。精准选择用户，为特定群体的用户提供更优质、更具吸引力的内容，才是自媒体的长久生存之道。

大数据是深度了解用户内容审美的给力工具，今日头条发布的《城市光谱——2018年上半年网民阅读偏好研究报告》显示：女性喜好在晚间进行"夜读"，男性更喜欢"深夜读"，一般男性在早晨打开手机后更偏好阅读新闻等资讯，随着时间推移，男女通过手机的阅读偏好趋同。

从晨读的内容上来看，财经是每天最早被高频度阅读的内容，科技和国际新闻仅次于财经。从地区上来看，边境线附近部分城市偏好阅读军事资讯，东三省偏好娱乐资讯，华东沿海地区城市偏好财经资讯，中部地区城市更偏好阅读教育资讯。此外，不同年龄的人群在内容阅读上也存在偏好差异，18~23岁的网民对基于移动互联网的阅读的依赖度更强，50岁以上的中老年人群则依赖性较弱。

深入研究不同年龄、不同地区、不同性别用户的内容偏好，深入认识"她审美"在今天内容审美中的重要地位，对于做好自媒体至关重要。在用户分流越来越精细的大背景下，妄图抓住各类用户是不现实的，也是极其危险的，只有深耕某一类人群，尤其是热爱在网络上进行社交的广大女性人群，借助大数据对用户的"指尖行为"清晰画像，才能为用户更精准地提供优质内容，才能在互联网商业的大潮中拥有立足之地。

◎ 6.可持续"网红"才有未来

说到"网红"就不得不说到"芙蓉姐姐",2005年,网名为"芙蓉姐姐"的陕西人史恒侠,凭借标志性的S形照片,先是在水木清华BBS走红,随即到天涯论坛、各大门户头条,出名来得太快就像龙卷风。"芙蓉姐姐"在网络上快速爆红的现象,直接开创了普通人单纯依靠网络便能成名且将名气转化为商业利益的先例。

互联网无时无刻不在创造着新的神话,没有背景,没有天分,也没有突出相貌的普通人,借助互联网就能够实现个人成功。在"芙蓉姐姐"之后,"天仙妹妹""凤姐"等网络红人陆续出现,成为"现象级"商业景象,由于这三位成名最早,因此被大众称为"网红鼻祖"。

此后,随着互联网的快速发展,以及快手、抖音、火山小视频等一系列平台的崛起,网红大军越来越庞大,甚至一度出现了专门打造"网络红人"的经纪人、公司、机构等,在今天这个大视频时代,人人可以制作视频,人人可以发布视频,人人都能当网红。

但随着网红的增多,网红之间的竞争变得异常惨烈,不少"网络红人"爆红时呈冲天之势,红得发紫,但很快便过气,随即销声匿迹,再也没有后续消息。

嘟嘟姐的走红与温婉一样,红得快,凉得也快,仅凭一首《嘴巴嘟嘟》的歌

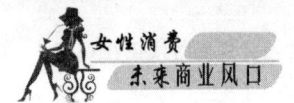

曲，便迅速在快手上红了起来，嘟嘟姐的长相与歌词歌曲的完美匹配度，吸引了海量的粉丝，不少人都使用这首歌作为拍摄视频的背景音乐，嘟嘟姐也因此而红极一时，但紧接着网络上便出现了无数幻想成名的模仿者，因影响恶劣，嘟嘟姐被封杀。

网红的更新换代是很快的，只要一段时间没有热度，就会很快被遗忘。在各类视频中，从来不缺少帅哥美女，靠颜值搔首弄姿确实能吸引到一些粉丝，但仅靠各种各样的噱头是很难保持持续关注度的。

现任百度App首席内容官的网红papi酱，算得上是网红界的一棵"常青树"，从2016年2月走红至今，在长达4年多的时间里，papi酱一直保持着十分不错的关注度。papi酱之所以能够长期维持热度，并不是偶然，毕业于北京电影学院导演系的她，有着扎实的影视专业知识，在视频选题设计上出众，从生活到娱乐到两性关系都有覆盖涉及，以极其接地气的草根气质叙事，同时结合时事热点，在几分钟的短视频内布置诸多贴近年轻用户的槽点，直接满足了年轻群体对娱乐视频的需求，因此也就在当下"有趣"内容并不多见的内容环境生态中脱颖而出。

在大视频时代，只有可持续的"网红"才有未来，仅靠噱头、颜值、搔首弄姿、猎奇等是很难保持持续关注度的。那么，究竟怎样才能具备"可持续"的发展能力呢？

（1）不断更换刺激源

视角再新奇的网红视频，一段时间后，受众们都会逐渐适应，进而产生"又是这一套""无聊透顶"的审美疲劳。所以要想一直维持高热度，不妨在适当时机变换刺激源。

以网红"王辣辣"为例,"王辣辣"卖酸辣粉起家,聚集了众多粉丝后,进军商业地产改造,后又成了天使投资人,这种不断更换刺激源的做法都让粉丝们感觉到"一样的辣辣,但总有下一个不一样的惊喜",从而维持刺激感。

升级新形象、策划新活动、变换新场景、改变个人造型……这些变更刺激源的做法,都有可能重新激活一个网红,是网红维持高人气的有效工具。

(2)网红工具化

为什么用户会对网红的段子产生疲劳,却不会对电脑、手机产生审美疲劳呢?电脑、手机几乎是人人都离不开的实用工具,它们的存在并不依赖于感官的"刺激感",就算手机看起来不够顺眼,摸起来不够好,我们依然离不开手机。网红要想持续存在,仅依靠"感官刺激"是很难长久的,帮助用户完成某个生活中本来就需要完成的任务,走"工具化"路线是十分明智的选择。

(3)增加用户参与度

在给用户制造愉悦感或其他感官刺激的过程中,我们不妨引导客户主动做出努力,让用户主动做事和参与,从而完成他们自己的目标,这样一来,原本的"外部刺激"就会转化为"内部刺激",让用户在游戏感中获得自信、成就感等,如此一来,用户的忠诚度不再单纯依赖网红的"外部刺激源",也就不那么容易脱粉,增加用户参与度常用的方法有抽奖、积分、赚金币、兑换礼品、升级等。

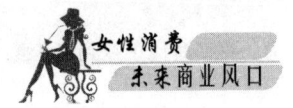

◎ 7.抖音只是视商时代的开局

从古至今,随着时代的发展,主流商业模式也在不断演变:从挑着担子或通过马帮运输等方式在各地流动销售商品的"行商",到拥有集市摊位、店铺等固定经营场所,只等顾客上门的"坐商",再到互联网商务的兴起,通过电脑、网站等做生意的"电商",进入移动互联网时代,通过移动方的APP做生意的"微商"……

在过去的几年里,微商成就了很多普通人,也成功渗透到了每一个人的工作和生活中,每个人的微信朋友圈里,都有"微商",售卖的商品从奶粉、尿不湿、婴儿奶嘴等母婴用品,到面膜、化妆品、服装、鞋帽等,再到燕窝、海参、水果、粮油等滋补品、食品,还有不少五花八门的课程、讲座等文化产品,"微商"的产品范围包罗万象,真可谓无产品不微商。

尽管不少人对于微信朋友圈里天天刷屏的各类产品广告感到厌烦,但不管我们是否愿意承认,过去几年,微商确实遍地生根,成为一种不可忽视的重要商业形态。

看着微信朋友圈中的微商们今天晒新买的别墅,明天喜提豪车,你是否也在思考:微商真的有那么赚钱吗?我要不要也兼职微商做做看?

"微商"正在成为过去时,如果你想逆袭,那就赶快加入到"视商"大潮中来。随着移动直播的兴起,通过视频来做生意成为未来商业模式的发展趋势。

"视商",顾名思义,就是以动态全方位传达,使用直播、视频、VR、智能AI等进行实时互动的商业模式。今天,图文已经远远不足以满足人们对商品或服务的认知,在商业领域打破图文传播为主的商业模式是一种必然。不断提升的网络传播速度,不断升级的大数据分析技术,五花八门的视频平台等,为"视商"这种商业模式的崛起创造了条件,视商经济,未来已来。

2016年9月上线,短短不足4年时间便成为"短视频行业风向标"的抖音,正在形成一个新的商机王国。不少电商中的中小卖家,透过抖音短视频的火爆看到了新商机,他们一边经营着自己的网上店铺,一边在抖音上发布小视频,期望能够通过吸引粉丝的方式有力拉动店铺的人流量和产品销量。如今,在抖音上开通个人主页电商橱窗已经成为一种新型的"商业模式",一部分网友正在养成一边刷抖音一边购物的习惯。抖音成功推开了"视商"新世界的大门,种种现象表明,"视商"时代正在悄然到来。

为什么说未来的商业发展趋势是"视商","视商"与电商、微商相比,究竟具有哪些不可比拟的优点呢?

一是打破传统,能给用户带来全新体验。"视商"可以完美融合直播与店铺,彻底改变了图文静态展示商品的方式,可以给用户带来更优质的购物体验。以淘宝直播为例,女主播可以在直播中全方位、立体展示商品,在展示的同时可以通过语言、表情、肢体动作等为观众们传达更有温度的信息,并且双方可以即时进行互动,这可以为用户带来更好、更新的购物体验。

二是商品可溯,源头可见。直播可以完整展示一件商品的诞生过程,从原

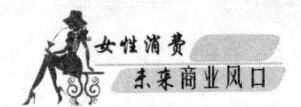

材料挑选到厂房环境，再到加工制作、包装运输等，可以打造出更真实的购物场景，让用户买得更放心。如今已经有不少主播为了更好地推荐商品，采用这种可追溯式直播方式，带着大家看工厂、买原材料、见证生产过程、运输工程等，甚至让用户与产品的设计师、生产者直接在线上即时交流等。

三是手机直播，随时随地边看边玩就可以便利地一键下单，买到心仪的商品。以抖音视频为例，平台融合了娱乐、消遣、购物等功能，已经打造形成了一个全新的购物场景，用户在这里既可以发布分享自己制作的视频，获得他人的关注和点赞，甚至将流量变现，还可以观看自己感兴趣的视频娱乐，此外还能购买商品或售卖商品，整个过程只需一部手机就可以搞定。

四是实时互动，购物更愉快。主播和粉丝、粉丝与粉丝之间都可以随时就商品的问题进行互动交流，从而形成社交型的购物体验，购物变得更轻松有趣。在传统的电商模式中，消费者与商家可以通过旺旺等工具实现文字互动，消费者与消费者之间也可以通过评论或提问实现互动，但"视商"时代，人与人之间的互动变得更高级，直播过程中粉丝之间、用户与粉丝之间都可以实现即时互动，这是一个非常大的进步，能够给消费者创造出更愉悦的购物氛围。

五是对于商家来说，可以根据商品的种类通过普通观看、发现观看、密码观看以及付费观看多种模式来针对不同人群进行多层次营销，营销精准度更高。在互联网流量见顶的用户存量时代，如何把用户的价值开发到极致是摆在每一个商家面前的难题。在传统电商模式中，我们只能根据消费数额大小等比较粗放式的指标对用户进行分级，但"视商"时代，更加精细化的多层次营销成为可能，可以大大提高存量用户的开发效率和营销精准度。

"视商"时代，一个聚合平台便能够把搜索、百科、团购、购物网站、娱乐等链接在一起，诸如抖音等视商平台，具有海纳百川的包容性，不仅可以为广大用户提供泛娱乐、婚恋交友、游戏、消遣等精神服务，还能挖掘出新的商业价值，电商橱窗、视频推广、视频同款、购物车等功能，正在虚位以待。在今天这个视商来临的时代，你可以拒绝某个直播平台，但谁也无法拒绝这个时代。你做出选择了吗？

◎ 8.垂直服务：越多元的社会越需要找身份

互联网行业，从广义上来说，属于垂直服务行业，尤其是在用户分流越来越专业化、市场竞争越来越激烈的今天，追求大而全显然不是一个好主意，找准自己擅长的领域，只做自己熟悉的事，只专注于服务某个特定领域的用户，才是明智之举。

"小而美"是今天互联网领域中的商业逻辑。在社会文化领域，我们正在经历一场开放式变革，不管是宗教信徒还是无神论者，不管是同性恋还是异性恋，不管是丁克还是不婚族，不管是现实主义者还是理想主义者，不管是活在当下还是游离在二次元的虚幻世界中……社会文化与舆论即便是对特定身份的人，也变得越来越宽容。

一方面，这种开放式的社会文化变革让人们感受到了更多的自由；另一方

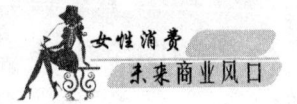

面,也让更多人开始自我思考:我是谁,我要做什么,我因什么而不同。今天的互联网购物消费行为,逐渐成为一种寻找自我身份认同的方式或渠道。

购买职场通勤服饰,往往并不是因为缺衣服穿,而是职场服饰恰恰满足了这一类用户关于"职业白领""职场精英"的身份认同;购买奢侈品,消费者看重的常常并不是商品的实际使用价值,而是商品可以很好地彰显"优越感""高雅",这与"我比普通人高一等"的身份认同不谋而合;购买专业跑鞋、户外运动鞋,究其消费行为的根源,也是为了寻找"运动达人""健康活力"的身份认同感。

越是自由、宽松、价值观多元化的社会,大众越是需要寻找身份认同,这就给广大电商、视商提供了一条通常成功的新思路。

"佳琦一句oh my god,我欠花呗一万八。"这是网民们调侃知名网络主播李佳琦的段子,为什么宁愿负债,也要购买佳琦推荐的商品呢?这种现象背后的商业逻辑究竟是什么?事实上,今天的消费者负债购买的并不是商品本身的使用价值,或者说并不那么看重商品的使用价值,他(她)们更关心的是商品背后所代表的身份标签、文化内涵,只要能戳中他(她)们的痛点,他(她)们愿意为此付出更多的金钱、精力和时间。

李佳琦之所以可以凭借一支口红撬动无数女孩的钱包,其关键就在于广大女性消费者对"精致的猪猪女孩"这一身份认同的追求。通过电商直播的形式,李佳琦短短5分钟就卖出了15000支口红,如此惊艳的数据背后,是海量消费者寻求自我身份认同的巨大市场。

喜茶、猫爪杯、脏脏包、爆浆蛋糕……这些商品的爆红,单纯从商品的稀缺和使用价值上来看，是很难解释得通为什么有那么多人宁愿花高价跑很远的路排几个小时的队也要买的市场现象的。实际上，这是文化主导影响下的行为，绝大多数年轻人都希望自己潮流、小资、讲究生活品质，那么这些对身份的认同，要靠什么来体现呢？很显然，这些网红商品为年轻人提供了绝好的自我身份认同道具，无道具不标签，缺少了体现自己潮流、小资、讲究生活品质的道具，还如何更清晰地定义自己呢？所以排队高价买网红商品也就不足为奇了。

那么，对于广大视商来说，如何借助这种身份认同、文化认同来实现高效率推广和营销呢？

（1）学会用直播勾画真实场景

直播要想取得好的宣传营销效果，提高成交率，就要善用直播手段为用户勾画出更加真实的消费场景。以展示女装为例，主播一边试穿展示服装，一边为用户描绘出"这件衣服超级适合出门约会哦""宽松、慵懒，度假当然要换个风格，换种心情，这件衣服是为度假而生的"等场景，这种为用户提供消费场景的商品展示远远要比用户在平台上搜集商品、观看商品的图文、视频展示有吸引力得多，也更容易让消费者产生购买行为。

（2）尽可能增加代入感

直播电商可以运用多种手段，为手机屏幕前的观众们描绘出美好的愿望，从而增加观众们的情景代入感。增强代入感最常用的手段有当红明星、最热电影、最新潮形象、最有争议的话题、当前热点事件、高知名度的景点等，只要观众对你所说的话题感兴趣或有比较密切的联系，那么哪怕隔着屏幕，他们也会迅速被带入主播所构建的消费情景中，从而产生"万事俱备，只欠下单"的

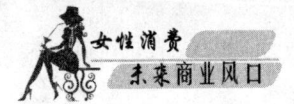

购买冲动。

（3）打造个人文化IP

互联网经济，本质上也是一种"粉丝经济"，针对用户的文化需求和身份认同需求等，打造个人文化IP，如此一来产品与个人IP便产生了更加紧密的联系，将粉丝转化为商品的消费者也就容易得多。"视商"时代，打造个人IP的成本和门槛变得越来越低，只要直播内容够新奇、有趣、吸引人，就能够迅速让大众记住你、接受你、认可你。先打造个人IP，再以此为基础建立自己的品牌，构建自己的商业帝国也不失为一个"曲线救国"的营销推广方案。网红张大奕、雪梨就是非常典型的例子，她们一边致力于打造自己的个人IP，一边通过个人IP给自己的淘宝店铺进行宣传和营销引流，取得了非常不错的市场成绩。事实证明，这种通过打造个人文化IP进行宣传的营销方式十分有效。

◎第五章

视商应用实践

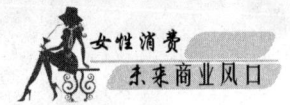

◎ 1.工具普及，人人可以做视商

20年前，视频还是一种高高在上的文化产品，需要专业的摄影、摄像设备，只有经过一定专业训练的技术人员才能操作驾驭，摄影、摄像设备的售价也不菲，只有特定的行业或人员才会与之紧密关联，普通大众则很少会和视频扯上关系。

旧时王谢堂前燕，飞入寻常百姓家。随着智能手机的快速普及，拍照、自拍、录视频已经走进了普通人的工作与生活。今天的智能手机，其拍照、录像功能不断升级，越来越人性化，拍摄效果越来越好，拍摄操作越来越简单，不管是记录生活还是工作中的重要事项，都会用到手机等摄影、摄像设备。实事求是地说，手机等摄影、摄像设备已经与所有的生活场景和事业场景深度关联了。

工具的普及、金钱成本的降低、操作使用门槛的降低等，使得拍摄、制作视频不再是一件高成本、高难度的事情，不用额外购买设备，手里用于打电话、上网的手机就能轻松实现拍摄视频的功能，不必进行专业训练，会用手机就能拍摄视频，再加上互联网上海量的免费教程，用手机拍摄出高质量的视频不是梦。只要你愿意，不管你是富有还是贫穷，不管你学历高还是学历低，不管你聪明还是不够聪明，不管你见多识广还是眼界不宽，都可以成为视商，这是一个人人可以做视商的时代。

视商这种商业模式，是一个门槛无限趋近于零的公平竞争模式，只要敢为人先，不光能够改变自己的生活，更能改变一个人的命运。

那么，视商平台是什么样的？如何搭建起属于自己的视商平台呢？

从本质上讲，视商是传统电商、微商模式的迭代和升级；从内容上说，视商平台是一个大的综合性的平台，既可以打造个人IP和网红，又可以进行社群营销，可以观看碎片化视频或娱乐或购物，也能享受虚拟购物的场景体验，不仅能开展招商，还能进行资源置换……视商平台是多元综合性的，所以要想搭建属于自己的视商平台，就一定要有多元化思维和多维度视角。

从功能上说，视商系统的功能是非常多样化的，有电商直播、语音直播、将商品链接嵌入直播、移动社交、营销应用以及可增加用户提高转化率的奖励功能等。

以"奖励功能"为例，可以采用多种方式实现奖励功能，如推广奖励、积分奖励、排队奖励、消费奖励、招商奖励、区域奖励、云店奖励、高级奖励、店铺奖励等，我们可以通过任意搭配组合奖励功能的办法，真正助力营销推广策略的落地，真正提升商品的销量。奖励功能是做好视商的一大秘密武器，一方面可以促进商品的销售，另一方面可以鼓励用户自行进行推广传播。

此外，我们还可以借助视商系统的多元化，打造一个综合性的流量变现平台，发布的视频要尽可能多样化，视频展示、直播互动缺一不可，在视频中既要推荐商品，也要推荐店铺，为了更好地给商品或店铺引流，我们可以同步发放优惠券、购物币等。此外，流量的变现并非只有售卖商品一个渠道，同时开通打

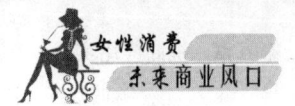

赏、送礼物功能,流量变现也可以多一条路走。

大数据是分析用户视频偏好的给力工具,运营维护视商平台,一定要善用、多用大数据,精准分析用户的观看习惯、观看频率、浏览记录等,从而绘制出高价值消费者的行为画像,如此一来,我们在视频的策划和制作上便可以如虎添翼,越做越好。

如今,伴随着5G的不断推进,视商将迎来一个崭新的快速发展时期。据工信部新闻发言人介绍,截至2019年9月,全国开通5G基站8万余个,即便是偏僻的农村也可以实现与城市一样的网速,城乡以及各地区之间的数字鸿沟正在逐渐缩小。站在5G的风口上,视商平台新领域将开启新一轮的"造富"神话,你准备好了吗?

◎ 2.裂变是新媒体运作的主流

不管是微信群、公众号、个人号、公司号还是直播号,要想获得更高关注度,获得更多流量,进行裂变矩阵式发展是所有新媒体运作的主流方式。

那么,如何通过裂变增加自己的人气呢?

以群裂变为例,这是一种最原始、最常见的裂变模式,其内在逻辑很简单,即通过用户转发来实现裂变,用户只须转发视频或海报即可,用户的好友在看到转发的内容后,会根据自己的需求或是否感兴趣的情况进行点击、收藏或扫码等，裂变由此产生。可以想象一下，大量的用户转发，每个转发的用户背后又有着少则几十人多则几百人的潜在用户群，哪怕只有少部分用户参与转发和点击，其裂变的能量依然非常惊人。这种转发裂变是一种非常快速、有效、简洁的裂变方式。

接下来，我们一起学习裂变的操作流程。不管是哪一种裂变模式，不管是群裂变还是直播号裂变，透过现象看本质，都是策划活动，都包括前期、中期和后期三个不同的阶段。

一般来说，前期工作包括四方面：一是针对用户开展详细、具体的调研，真正了解用户的需求；二是明确了需求之后就需要梳理出活动的路径、细节、关键环节等；三是活动方案齐备后，任务和人员的分工也至关重要，在任务分配时要做到每个环节都有专人负责，防止出现权责不清、责任中空地段，以免影响活动的后期落地执行；四是筛选并确定好渠道，并严格按照排期进行推广。

中期的工作主要是执行与运营。执行很简单，即按照前期制订的完整活动计划，从时间、节奏到方案都按部就班、不折不扣地执行即可，此阶段运营工作是难点；运营工作的核心是关注裂变的情形，做好老用户的留存工作，尽可能多地吸引新用户，与此同时还要想办法增加转化率，切实提高商品的销量等。一个优秀的运营，可以同时借助彩蛋、抽奖、渲染气氛、分段直播、维护流量池等多种多样的方式，来实现最终的运营目标。

后期即活动数据收集分析、查找不足等收尾工作，要做好整个裂变活动效果的评估和原因分析，为今后的活动策划提供有效参考和有力依据。

射人先射马，擒贼先擒王。要想做好新媒体的裂变工作，就一定要抓住关键

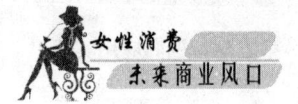

点。在整个裂变流程当中,有三个必须重点关注的关键点。

(1)种子用户

所谓"种子用户",简单来说就是忠诚度、黏性都比较高的老用户。有些自媒体人,会把种子用户直接等同于老用户,这种认知是非常片面的,有些则直接将种子用户作为留存用户,要避免陷入这一误区。

在裂变过程中,种子用户是裂变第一次启动所需要的参与者,既可以是老用户也可以是新用户,但关键是要满足两个条件:一是质量要好,二是数量要大。只有质量好的高黏性用户才能持续扩大裂变的影响力,参与裂变的种子用户数量越多,裂变的势能就越高,裂变的效果就会越好。如果实在不能满足这两个条件,二者满足其一,也可以实行。

(2)运营

运营是一件非常考验能力的事情,运营的好坏直接关系到整个裂变流程的成败。在运营的过程中一定要防截流,避免出现干扰性因素,如过多无关广告、突发意外等。以李佳琦直播不粘锅为例,不粘锅出现了粘锅这一意外情况,导致进入的大量流量都在关注直播翻车一事而不再关注商品本身,这就是截流现象。只有无干扰,才能顺利地让涌入的流量去到预定的方向,从而实现商品信息的更大范围传播。在运营开始之前,务必要做好预判工作,不管是短时间大量流量涌入的运营压力,还是流量进入情况不佳须调整运营策略等情况,都要提前做好预案,以免届时手忙脚乱或服务器崩溃等造成流量损失。

(3)台本

裂变是否顺利,效果是否达到了预期,这与传播内容本身的质量有直接关系。直播台本优质，视频内容非常吸引人，那么内容本身就会成为裂变的强大推动力，从而自然而然地火起来。所以在制作用于裂变的视频或图文海报等材料时，一定要精心打磨台本、文案，用好引导用户的话术，可以适当借鉴一些裂变活动的表达公式，如"痛点+预期+解决方案"，为了引导用户进行扩散转发等，我们可以通过制造紧迫感实现自己的目的，如限时转发有礼品，转发的前多少名可获得多少元优惠券等。

在视商时代，只要我们不断输出价值，就可以实现不断裂变。在运营中，一定要做好忠诚度高的活跃类用户和粉丝工作，他们是裂变的基础，也是影响裂变效果的成功因素。

◎ 3.不带IP的企业家，产品不走心

如何在互联网的信息海洋中冲出"海平面"，让更多消费者看见自己，从而购买自己的商品，是每一个企业家都必须面对的问题。如果说互联网是浩瀚的海洋，消费者的目标购买商品是鱼的话，那么今天的消费者愿意为"抓鱼"付出的精力和时间越来越少了，需求越来越碎片化，甚至越来越粉尘化。对于绝大多数消费者来说，他们并不愿意在一家企业或某个商品上浪费太多时间，越丰富就会越枯竭，在互联网视商时代，谁能够占有客户更多的时间，谁就更接近于成功。

为了获得客户更多的投入时间，各行各业的企业纷纷打出了"以客户为中

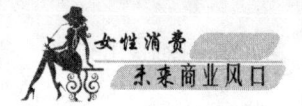

心"的经营策略,通过视频展示、直播、网红带货等多种多样的场景来吸引客户,采用赠送优惠券、抽奖、免费试用等诱惑客户停留更多的时间。诚然,这些做法确实是有效的,但对于竞争激烈的互联网行业来说,只做到这些还远远不够。

商品是冷冰冰的,但企业家却是生动的、有温度的。在快速迭代成长的互联网消费时代,商业逻辑的核心正在悄然发生着改变,"产品为王"的时代正在朝着新的方向发展。对于消费者来说,要想短时间内在信息的汪洋大海中对某一款产品建立信任变得越来越艰难,这导致其消费行为出现"去功能化""样本化"的趋势,从众效应下,无数消费者成为被大数据裹挟中的一员。哪个销量高就买哪个,哪个评论多就买哪个,已经成为不少人网络购物的行为习惯。在这样的大背景下,企业要想和消费者之间建立起更密切的关系,除了推行品牌战略,增加产品的文化附加价值外,企业家也要积极走到台前来,亲自为企业和产品站台。

不带IP的企业家,产品肯定不够走心。诚然,这种看法确实有失偏颇,并不一定正确,但这就是广大消费者的认知共识。我们必须要重视企业家的个人IP打造,这是增强产品公信力,与广大消费者建立更密切、更人性化的关系的绝佳策略。

今天的消费者比以往任何一个时期的消费者都更加重视体验,单一的产品功能和使用价值已经不足以打动、刺激他们产生购买行为,企业家需要给自己的产品赋能。简单来说,产品是死的,企业家则是鲜活的,消费者接触企业家显然要比接触产品更愉悦,也更容易建立起信任和密切联系。

此外,企业家个人IP还能够在一定程度上实现企业文化、品牌、创新力等的变现。需要注意的是，打造企业家个人IP，并不是说要把企业家包装成明星、红人，其目的是服务于企业的更好发展。

那么，如何才能打造出一个成功的企业家个人IP呢？我们具体都需要做哪些方面的工作呢？

（1）定位

打造企业家个人IP的第一步就是找准定位，既要考虑到企业未来的发展战略，企业产品的品类特征等，又要体现出企业家的个性化人格特质，如兴趣爱好、个人核心能力、个人辉煌创业史等。除此之外，企业家个人IP的定位还必须与社会主流价值观相契合，与社会经济发展方向相吻合，不触犯法律、道德底线等。只有明确了IP的定位方向，我们才能清楚地知道往哪里走。

（2）内容

打造企业家个人IP离不开内容的呈现，采用什么样的内容风格，筛选哪些内容，怎样表现内容等都会直接影响到传播效果。要尽可能选择那些更利于社会化传播的内容，采用内容语音化、视频化、视觉化等多种方式，在传播目标范围内，寻求与网络大V、定位准流量大的平台等进行合作，可大大提升内容的传播效果。

（3）传播路径

一个企业家个人IP能否打造成功，信息的传播路径至关重要。在融媒体成为传播主流的今天，仅在电视上做广告，显然不是什么好主意，一定要组建多元化的传播路径，如建立自己的"新媒体传播矩阵"，既能即时发表有关企业、企业家、行业的最新信息，又能积累粉丝，可谓一举两得。此外创建相关词条，在

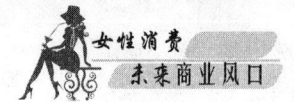

各大网络媒体或平台上发布内容信息,搭建社群等也是不可遗漏的传播路径。总之,要根据目标客户群以及企业家IP的特征,制订出适合自己的传播路径。

(4)落地实施

一般来说,在落地实施前,我们都会专门做一个打造企业家个人IP的计划,但在实施的过程中,一定要灵活。年度传播计划、月度传播计划等显然并不适合瞬息万变的互联网,也不符合互联网随时、随变的传播要求,这就要求我们在实施计划的过程中能够随机应变。

(5)扩大传播

扩大传播范围、提升传播效果的方式很多,但成本最低、效果最好的是借助社会突发热点的传播力量。不妨把自己要传播的内容与当时的网络热点、网民热议的话题等进行契合,这种做法可以达到很好的传播效果。

需要注意的是,并不是所有的企业家都适合打造个人IP。比如矿山老板就不适合打造个人IP。一般来说,企业家所经营的产业落后、无特点、无创新力、产业连接属性也不强的话,就没必要打造个人IP;如企业家所经营的产业,用户主要是企业而非广大个人消费者时,也不适合打造个人IP。此外,企业家的个人意愿也非常重要,毕竟人的性格多种多样,有些企业家从内心就不愿意抛头露面,赶鸭子上架的话往往也难以达到预期效果。

真人秀里有争议性的明星会"黑红",但打造企业家个人IP可不能走"黑红"路子,否则得罪了广大用户岂不是得不偿失?为了避免出现"黑红"效应,给企业和产品带来负面传播,企业家所呈现出来的形象必须是正面、积极、健康的,若尖酸刻薄、高高在上,必然会招来大众的反感,于企业发展无益。

◎ 4.有用有趣有品的逆向盈利模式

近两年，中国经济增长速度开始放缓，经济下行压力不断增大，尤其是在刚刚过去的2019年，不少行业都在高喊着"冬天"，部分知名大企业也因为市场不景气而陷入了"裁员"风波，对于一些企业来说，死亡很近，每一步都走得"步步惊心"。

在经济高速增长时期，繁荣的市场带来了更多的商机，即便存在各种问题的小型私企，也有着十分宽松的生存空间，但如今经济进入新常态，一些实力弱、缺乏竞争力的企业自然会陷入举步维艰的局面，是挣扎在"倒闭"边缘等死，还是寻求新的盈利模式努力活下去？这是摆在不少企业面前的一个选择题。

互联网的快速发展，让各行各业的信息都变得越来越透明，今天要想运用信息差来赚钱变得越来越艰难。互联网平台逐渐取代了层层中间商、代理商，在激烈的竞争下，不少企业采用了低价策略，从而使得各行各业的利润越来越薄，企业的利润空间越来越小。

越来越激烈的竞争，越来越狭窄的市场，越来越微薄的利润，越来越难"伺候"的用户，越来越严格的监管……这样的大环境下，逼迫不想死亡的企业必须进行模式创新，必须去寻找新的盈利模式。

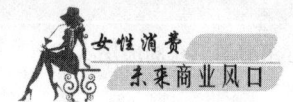

在传统的正向盈利模式中,产品是中心,用产品来赚钱,经营的目标是把产品卖给更多的人,赚更多的钱,追求利润最大化。今天的正向盈利模式已经走进了死胡同,在淘宝、天猫、京东、拼多多等网购平台上,无数商品正在以不可思议的低价出售,几块钱就能买一大盒的发圈竟然还能包邮,很多商品的售价正在无限接近成本价,一件商品只赚几毛钱,甚至是几分钱,依靠产品赚钱的盈利模式失灵了。

逆向盈利模式横空而出,给广大企业、企业家带来了盈利的新思路。逆向盈利模式是基于逆向思维的一个新型盈利模式。逆向思维,也叫求异思维,简单来说,就是当所有人都用某个固定思维思考问题时,你却独自朝相反的方向思索,产生与众不同的想法和思路。逆向而动,往往意味着发现了一块新的商业处女地,意味着更大的市场、更少的竞争。善用逆向思维,敢于"反其道而行之",往往能够出其不意地成功。

以美国著名零售商开市客为例,当其他商超的定价策略是商品进价+利润,通过售卖商品来盈利时,开市客却另辟蹊径,采用成本价销售商品,在商品上不赚一分钱,由于所售商品物美价廉,因此具有极大的市场竞争力,客似云来,开市客仅靠收取会员费便赚得盆满钵满,这就是一个典型的逆向盈利模式。

逆向盈利模式在经过了不少企业的实践和众多商界大佬的群策群力后,逐渐变得完善,并以其独特有趣、容易落地执行、实效惊人、见效迅速等特点,引发了整个商业界的震惊和争相使用。

总的来说,逆向盈利模式主要由三部分组成:逆向招商、逆向盈利和逆向融资。

以逆向融资为例，资金是一个企业发展的基石，能否拉到足够的融资是关系企业生死的关键。一般说到融资，大家会想到寻找风投机构、独立投资人、银行贷款、寻找合伙人等常规的融资渠道。从本质上来说，融资并不等于融钱，绝大多数人都陷入了融钱的误区。实际上融资是融合社会资源的一种方式，目的是做大做强，融到钱并不是最终目的。换一种思路，逆向融资，再困难的局面也能豁然开朗，比如开一家直播网店需要投资100万元，把一家网店拆分成100份，每一份收2万元，我们就能成功收回200万元，除了用于投资的100万元，还多出来了100万元的流动资金，可谓一举两得。

今天的竞争已经不再是产品与产品的竞争，而是已经升级到了模式与模式的竞争，如果你没有好的盈利模式，那就不要开公司。在人们的物质需求得到极大满足的今天，我们要想盈利就要充分运用逆向思维，不仅要重视准顾客的开发，还要重点关注那些非顾客群体。以健身行业为例，瑜伽馆的准顾客是要练瑜伽的人，而那些要练形体、减肥的人，则属于非顾客，但是当瑜伽馆推出减肥瑜伽、瑜伽塑形训练营时，非顾客便可以成功转化为准顾客。在竞争异常激烈的情况下，深入挖掘非顾客的市场价值，对于改善企业的经营状况具有立竿见影的效果。

在传统商业逻辑中，把产品卖给更多的人，才能赚取更多的利润，拥有更大的市场竞争力，但逆向盈利模式却完全相反，今天的微商也好，视商也罢，都在探索如何把更多商品卖给同一个人。

"羊毛出在羊身上"已经成为过去时，在互联网视商时代，羊毛还可能

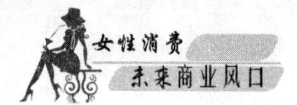

出在牛身上。在逆向盈利模式中,产品不再是盈利的中心,而只是与广大用户建立关系的道具,为A提供免费服务,借助A所带来的流量从B身上赚钱,已经成为互联网的新型盈利逻辑,如百度、搜狗等,都是通过为广大网民提供免费的搜索工具聚集起惊人的流量,这些流量为其带来了广告商和巨大的商业价值。

通常,人们习惯用正向思维去解决问题,但实际上每个问题的背后,都隐藏着另一种商机,谁的思维更与众不同,谁就更容易找到新的财富切入点,获得更丰厚的财富回报,谁能善用、巧用逆向盈利模式,谁就能够创造起死回生的商业奇迹,实现跨越式发展。找对盈利模式,你做到了吗?

◎ 5.用户娱乐+文化体验

今天的互联网经济,本质上是一种全新的经济形态,它追求顾客感受性满足的程度,对消费过程中的顾客自我体验非常重视。"体验经济"的出现和蓬勃发展指示了经济社会发展的新方向,代表着主流消费方式和生产方式的重大变革。对于一个企业来说,能否适应今天的体验经济形态,已经成为能否赢得竞争优势的关键所在。

所谓"体验经济",即以生活和情境为基础,为了抓住顾客的注意力,改变顾客的消费行为,为广大顾客塑造感官体验和思维认同,从而为商品附加新的生存空间与价值的经济模式。在"体验经济"的商业逻辑上，商品成为使顾客融入某种情景的道具，广大顾客购买一件物品不再重点关注其使用价值，而是更在乎其文化价值，在乎购物过程是否轻松愉快，在乎自己的文化体验是否得到了满足。

要想在"体验经济"的大潮中分一杯羹，首先，要充分深入了解"体验经济"的特征。

特征一：差异化

"体验经济"给广大顾客提供的是差异化的服务。在商品极大丰富的今天，人们的需求越发多样化、个性化，一款产品能满足所有人的时代已经成为过去时，为不同顾客提供与之需求相适应的服务才是企业今天的生存之道。"体验经济"打破了"标准化"的商业逻辑。以杯子为例，今天的商家可以为不同的顾客提供图案定制服务，根据顾客的个性化需求提供印有偶像、家人、宠物等图案的产品，这就是差异化。

特征二：终端性

在传统商业逻辑中，"渠道即王道"，谁掌握了渠道谁就能够赢得市场，但在今天的体验经济中，终端的作用被无限放大，企业与企业之间的激烈竞争已经不再是供应链与供应链之间的竞争，而是争夺终端消费者的竞争，谁能够为消费者提供更好的体验，谁能抓住终端消费者，谁才能在市场竞争中占据优势地位。

特征三：延展性

体验经济的本质是给客户更好的购物体验，提升购物体验只依靠产品本

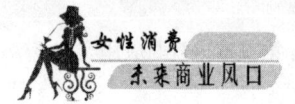

身，显然是远远不够的，这就需要给客户提供"延展性"服务，比如现在网购中的包邮、一周无条件退换货、赠品、折扣券等就属于给客户提供的延展性服务。

特征四：参与感

"也许世界上有五千朵和你一模一样的花，但只有你是我独一无二的玫瑰。"正如小王子所说，哪怕有再多的玫瑰，他亲手浇水、捉虫、照顾的玫瑰花也是独一无二的。因为"参与"，所以"独特"，让消费者参与进来自己动手，可以在无形当中增加产品在消费者心目中的价值，如小米举办米粉节向大众征集创意，这就是一个典型的增加用户参与感的方案。

特征五：感知化

今天的消费者更愿意为"体验"买单，谁能够给用户制造出更强烈、更美好的体验，谁就能赢得大众的认可，从而引爆市场。电影行业的发展很好地印证了这一点，今天的3D电影，从视觉到声音到震撼感等，都在极力给观众塑造一种真实感，这很好地调动了观众的身体五官，所以不少观众宁愿舍弃拿手机低价看甚至免费看的省钱方案，也要选择出门花大价钱去电影院观看。

特征六：补偿性

尽管每家企业都想给用户提供更好的体验，但在实际情况中，难免会出现一些意外情况给用户留下糟糕印象，这时只要商家能够及时给予一定补偿，就可以让用户的不开心变成开心。比如消费者收到的货品存在色差，十分生气，商家承诺可无条件退货且承担退货邮费，并赠送多少元购物券作为补偿，消费者受到了商家的真诚对待自然会消气。

此外，体验经济还呈现出"关系化"的特征，商家可以通过多次反复交易与顾客建立更加密切、稳固的关系。比如商家可以设计购物积分奖励制度，消费者消费金额越多，享受到的权益也就越多，这种奖励机制能很好地增加顾客黏性。

其次，要学会给消费者创造"需求"，谁能给消费者创造更多"需求"，谁就能卖掉更多产品，实现更多盈利。那么，怎样才能增加消费者对自身产品的需求呢？

（1）产品＋文化体验

今天的营销，光围绕产品本身已经远远不够了，要想让消费者产生迫切"需求"，就一定要在产品的基础上增加优质的文化体验。文化体验从何而来？品牌是承载良好体验的载体，我们可以通过品牌把产品融入一个形象化的体验场景中，从而让消费者在购买、使用或占有该产品时产生更好的体验，LV、巴宝莉等奢侈品都是这样做的。

（2）产品＋体验道具

体验具有短时、难记录、主观性等特点，再美好的体验，我们也很难将其像物品一样固定下来。感觉不能保存，但那些能够帮助产生体验的道具却可以长久保存。产品＋体验道具的组合方式，可以大大增加消费者的需求。比如旅游中的纪念品、特产、照片、录像、视频等都属于能协助消费者保存体验的道具。今天，购买纪念品已经成为旅游中必不可少的项目，一种"刚性"需求，仿佛不留下点痕迹，就跟没有去旅游过一样。

（3）制造稀缺感

俗话说"物以稀为贵"，在互联网商业领域，这一法则仍然适用，商家可以通过人为制造稀缺来刺激消费者的占有欲，从而增加销量。限量版、联名版、非卖只赠等，这都属于制造稀缺感的方案。

（4）引发共鸣感

只有能够真正打动消费者内心的产品和营销才是成功的，走不进消费者内心，又怎么能让他们心甘情愿打开钱包？在产品或营销过程中，增加能引发消费者共鸣的元素，是一个走进他们内心的绝佳策略。比如一些国外奢侈品品牌，为了引发中国广大消费者的共鸣，纷纷在设计中增加中国元素，这就是一个很典型的案例。

（5）活动、俱乐部

想长长久久地留住消费者，就要为其打造社交环境，通过强化社交场景等方式增加与消费者的联系，举办活动、组织产品俱乐部等是非常明智的策略。比如汽车厂家的"试驾""车展"等活动，华为的"华为之家"、小米的"米粉俱乐部"等都起到了很好的营销宣传作用。

如今，一些线下商家正在为用户提供沉浸式娱乐体验，沉浸式舞蹈、装置艺术等受到了大众的热烈欢迎。随着大视频时代的到来，VR等技术可以成功为沉浸式线上体验赋能，创造出一个更加与众不同的商业世界。

◎ 6.人带货：人格化IP驱动

互联网的快速蓬勃发展，推动着互联网商业模式不断升级演化，近几年，互联网品牌营销领域出现了一个新概念——"品牌人格化"。如今，已经有越来越多的品牌，尤其是用户群为年轻人的品牌，都纷纷开始利用"人格化IP"开展产品营销，打造商业帝国。

这是一个酒香也怕巷子深的时代，商品如果没人带货，必然会被淹没在海量的商品广告信息中，难以产生"市场"价值。"带货"已经形成了一个趋于完善的新型商业体系，不管是明星、名人还是各路网红、主播，都纷纷盯上了"直播带货"这块大蛋糕，希望能够借助个人人格体的驱动，将流量转化为销量，实现"名气变现""影响力变现""流量变现"。

人带货，看似一个非常简单的模式，但在互联网强大传播力的加持下，爆发出了不可思议的商业奇迹。

实际上，当前这种繁荣的"人带货"现象，本质上就是通过人格化IP来驱动市场。所谓人格化IP，简单来说就是赋予品牌一些"拟人"的功能和元素，把真人IP和品牌、产品联系起来，从而形成一个基于"人格化"的商业闭环。网红、明星等真人IP是直播营销带货不可或缺的真人IP元素，大批网红、明星涌入直播带货行业，充分证明了打造"人格化IP"已经成为大视频时代的主流商业模式，

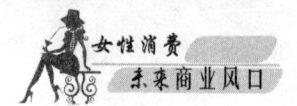

谁跟不上时代,谁就会失去消费者,失去市场。

那么,人格化IP有哪些特别之处?为什么能够拥有强大的市场效应呢?

与传统品牌形象相比,人格化IP更像一个"人",简单来说就是这样的IP有"人"的性格和情绪,所以在与大众互动的时候,更有人情味和温度,也更容易被大众接纳。此外,和人一样,个人化IP也会有自己的"小传",从哪里来,要到哪里去,如何成长,在成长中遇到了哪些事情等,这些品牌"传记"使得人格化IP更具真实感、立体感、生命感和可追溯感。人格化IP最显著的特征体现在与用户的关系上,它借助"人"的形象与用户建立情感关联,使用"拟人"化的语气语态与大众沟通。

以知名计生用品品牌杜蕾斯为例,"我叫小杜杜,拥有上百万的粉丝,每天我都活跃在微博、微信、人人网等社交网络媒体上,有时大家与我分享自己的秘密……"社交媒体上的杜蕾斯俨然已经是一个活生生的"人",还是一个"内涵段子"高手,比如给好友美的电饭煲写信:"亲爱的,美的,感谢你。感谢你让生米煮成熟饭。你的老朋友,杜蕾斯。"给好友李维斯牛仔裤写信:"亲爱的,李维斯,感谢你。自从第一条牛仔裤起,就为我预留了位置。你的老朋友,杜蕾斯。"……如此诙谐有趣的小杜杜,远远要比杜蕾斯的产品更有温度,也更容易被大众记住,更容易获得大众的关注和喜爱,这就是人格化IP的一个典型例子。

在互联网上,用户呈现无限分散的状态,怎样在这个分散的商业世界里,大声喊出自己的声音,把信息传递给目标人群,并在信息传播的过程中减少信息折损率,是每个品牌都要面对的难题,这就要求产品必须建立一个"高识别度"的人格化形象。商品功能会雷同,但人格化IP却可以"与众不同",打造独一无二的人格化IP形象可以让大众快速认识你、记住你,更愿意购买你的商品。

那么,怎样才能成功打造出一个极具市场商业价值的人格化IP呢?

首先,必须要大量积累粉丝和用户。网络红人KOL报告数据显示:只有粉丝数达到了10万以上,才具有一定的市场商业价值。如果粉丝和用户数量过少,那么即便是打造了人格化IP,也是得不偿失的,毕竟打造一个成功的人格化IP,必然会花费大量的时间、精力,甚至是金钱等,如果产出不能覆盖投入,那么人格化IP的打造工作必然会"烂尾",又何谈市场价值大爆发呢?

其次,一定要找到人格化IP的差异化特点,做好形象定位工作。这就需要我们深入了解市场情况,对哪些领域竞争激烈、哪些领域是商业蓝海?做到内心有数。最新发布的网络红人KOL报告显示:目前的网红主要集中在娱乐、音乐、动漫、舞蹈、游戏等领域,在垂直细分领域则较少,知识型人格化IP、垂直细分行业的大V都是比较稀缺的。了解了整个行业的市场情况,我们才好对人格化IP进行定位,找到差异化的方向。

未来,人格化IP的发展趋势是"虚拟偶像",目前这种现象多出现在游戏、动漫等二次元形象中,比如"恋与制作人"的四个游戏主角开通了个人官微后,四个虚拟形象的个人IP迅速积累了79万粉丝,虚拟偶像的力量可见一斑。这种"虚拟偶像"很好地解决了真人KOL存在的风险问题,真人是不可控的,对于很多真人KOL的孵化平台来说,一旦成功,往往就面临着对方解约跳槽的风险以及人设崩塌等意外事故;但"虚拟偶像"则不存在这些问

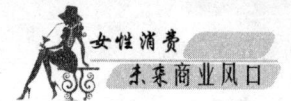

题,因为是虚拟的,所有资产和设计都可以被知识产权化、版权化,打造人格化IP时的自由度也更大。可以预见的是,未来"虚拟偶像"将成为人格化IP的主流。

总的来说,开发一个超级IP必须创造呈现形式、故事引擎、普世元素、价值观和人格体五个层级条件,对这五个层级的开发深度直接决定了IP的成功与否和常青与否。从本质上来看,人格化IP是融合了用户个人情感和性格烙印而建立起来的一种标签,品牌一旦建立了人格化IP就不要随意更改其定位,否则必然会引发用户的信任危机,从而功亏一篑。

◎ 7.讨喜、讨好和情感营销

"性格讨喜""人设讨喜""造型讨喜"……在五花八门的娱乐八卦中,"讨喜"是一个高频词,即便是电视剧、电影中的大反派,也会因某一方面"讨喜"而收获大批的粉丝。这种现象在今天的娱乐行业中十分普遍,一个演员或明星,要想拥有大批的粉丝,在某种程度上就必须要讨好大众。事实上,"讨喜"在互联网商业领域中同样十分重要,能否赢得消费者喜欢,已经成为决定一个品牌生死的重要因素。

从大众的需求方面来看,马斯洛理论将人的需求分为生理需求、安全需求、社交需求、尊重需求和自我实现需求,这五大需求可以归结为两类,即功能性需求和精神需求。今天，中国的广大消费者们早已经满足了吃穿住行、安全、社交等功能性需求，在这样的大背景下，大众的精神需求呈现集中爆发状态，聪明的品牌在宣传营销的过程中，都会增加"情感因素"来满足大众在精神方面的需求，从而达到让品牌在人群中快速传播的目的，"情感营销"应运而生。

所谓"情感营销"，即针对消费者的情感需要，采用一定的策略或方式激发消费者的情感需求，与消费者在情感上产生共鸣，从而引导其产生购买行为的一种新型营销方式。简单来说，情感营销就是将情感融合在营销当中。

物品消费时代已经过去，今天是情感消费的时代，"我买我高兴""我买我愿意"已经成为一种主流的消费方式。人们在购物时，关注的核心问题不再是商品的数量、质量、价格，他们更多是为了自身情感上的满足。也正是因为如此，情感营销的策略才会十分奏效。

情感营销的作用非常强大，且是多方面的。

一是情感营销能够为消费者营造出更好的购物环境。在消费行为越来越趋于感性的今天，消费者在购物时，更在意环境、气氛、品位、享受等，与传统营销浓浓的"商业味"相比，情感营销则要温暖得多。情感营销可以为消费者营造一个温馨、和谐、放松、充满情感的购物环境，更容易与消费者建立长期友好的关系。

二是情感营销是增加消费者黏性的有效工具。今天的消费者比以往任何一个时代的消费者都更加三心二意，昨天他们会因为优惠券买A品牌，今天会因为B品牌大酬宾活动而抛弃A买B，明天可能既不买A也不买B。对于商家来说，增加

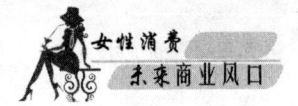

消费者黏性,提升消费者品牌忠诚度是非常重要的,情感营销可以直达消费者内心,与他们的内在真实情感建立连接,这种更深层的联系可以帮助商家牢牢抓住消费者,从而在激烈的竞争中立于不败之地。

三是情感营销可以有效提升品牌的竞争力。商场即战场,在激烈的竞争中,如果没有强有力的武器,必然会死于竞争对手的"屠刀"下,商品质量、价格、包装固然是立足之本,但仅仅依靠这些是难以在激烈的竞争中取胜的,情感营销可以获得顾客的更多好感和信任,是树立企业形象、提高企业市场影响力的有力武器。

那么,要想做好情感营销,应该从哪方面入手呢?

(1)个性化需求

"我不要你觉得,我要我觉得"在网络上爆红的现象,从侧面展现了这个追求个性化的时代。今天的消费者,不喜欢随大溜,不喜欢"与众相同",穿衣"撞衫"是一件不可容忍的事情,"与众不同"才是他们的追求目标。所以,我们在开展情感营销时,不妨从大众的个性化需求入手。

"衡水老白干,喝出男人味"这句耳熟能详的广告语,寥寥数语就紧紧抓住了男性消费者的情感需求。广告语暗示人们,只有够男人、有男人味的男人才有资格喝衡水老白干,衡水老白干似乎象征着强硬、有力、拼搏、充满干劲,而这一形象恰恰是很多男士所追求的,恰到好处地满足了广大男士的内心情感诉求,所以取得了非常不错的营销效果,这句广告词也传遍了大街小巷,成为一个情感营销的经典案例。

(2)追求浪漫与时尚

时尚引领世界，每个时代都有一群创造时尚的人，他们对整个社会文化的影响力是非常巨大的。尤其是年轻的消费者，大多内心中渴望着走在时尚最前列。肯德基、麦当劳已经被大众打上了"不健康食品"的标签，但人们并不会因为味道一般、价格太贵而放弃吃肯德基、麦当劳，相反不少年轻人是肯德基、麦当劳的常客。这与肯德基、麦当劳的潮流形象不无关系。

此外，追求新潮、浪漫是女人的天性，满足女人的这一情感需求就能创造出巨大的成功。香水知名品牌Dune（沙丘），很好地满足了女性追求浪漫的情感需求，"沙丘——瞬间、回忆、梦"这样的广告瞬间就能唤起女性丰富的浪漫的想象力，赢得消费者青睐也就不足为奇了。

（3）彰显品位需求

今天，人们的消费行为越来越具有"符号"式意义，月薪三千元买三万元的奢侈品包包还大叫便宜、买得划算，宁愿借钱也一定要买时装品牌的最新款而不要廉价打折货……实际上这些光怪陆离的消费现象背后是人们对彰显身份、地位、品位的情感需求。将品牌打造成一个高雅、自信、追求品质、稀缺、高品位、小众的形象，充分满足消费者对彰显身份品位、追求艺术的情感需求，也是一个做好情感营销的绝佳切入点。

此外，怀旧、温情、高冷、初恋等都可以作为情感营销的切入口，比如德芙巧克力就是借助"恋爱"这一情感，将产品打造成了恋人互送的必备礼品之一。消费者的情感需求是多种多样的，我们要根据自身产品的特征和品牌的实际情况，制定与之相适应的情感营销策略，只有这样才能把情感营销的作用发挥到极致。

◎ 8.媒体矩阵和自主新渠道

在互联网时代,怎样大声喊出自己的"声音"?方法一:让自己喊得更大声,也就是增加影响力,从而让更多人听到自己的声音,体现在媒体运营思路上即打造超级个人IP;方法二:让多个人在不同的地方一起喊,如此一来自然也能让更多人听到自己的声音,体现在媒体运营思路上即"媒体矩阵"。

要想深入理解媒体矩阵,我们首先要搞懂矩阵。矩阵最初是一个数学领域的概念,即一个长方形阵列排列的复数和实数集合;关于媒体矩阵,现在业内还没有形成正式统一的定义,大家普遍将其定义为能够触达目标群体的多种媒体渠道组合。

媒体矩阵的出现是一种必然,在信息碎片化的今天,网络上到处是数量巨大的分散性内容信息,要想实现自身品牌的充分传播,显然仅仅依靠单一的媒体平台是不可能做到的,这就促使企业通过多样化的媒体渠道组合来发出"更大"的声音,实现品牌传播效果的最大化。

睿娜美社创始人郭娜是一位典型的意气风发的新女性,她的商业思维清晰,全身充满魅力而又不失魄力。她20多岁时资产就已经累积千万元,但豪侠风格让她停止了即将上市的美业事业,选择了回归家庭,全身心为家人服务,历时4年,她完美设计好了家人的未来,然后重回美业战场,开始了二次创业。她创办了河南第一家专业美甲品牌瑞娜美甲,至今已过20多年了,为了给广大爱美人士提供有健康、有品质的服务,她投入了600多万元研发美甲产品,掌握了美甲材料的核心技术,以此用更具科技含量的美甲材料服务于广大爱美女性。除此以外,她还创办了河南第一家美甲职业技术培训学校,在这个方寸之间的美业中创造了一个个第一。而今,在社交新零售风行的当下,她重新起航落脚在女性社群——睿娜美社:从"美"到"美好",将服务于追求生活品质的女性,且为更多女性创业者提供更好的创业平台。

从目前的媒体矩阵类型看,主要有纵向矩阵与横向矩阵两种:纵向矩阵是指企业在某个媒体平台上,根据各个产品线进行纵深式媒体布局,比如在微信平台上,就可以布局小程序、个人号、公司号、社群、服务号、订阅号、公众号等;横向矩阵是指企业在全媒体平台的整体布局,如企业在头条、搜狐、微博上开通媒体号,同时自建App、用户社群、网站、直播间等。

在具体实际应用层面,媒体矩阵要比理论层面复杂得多,一个企业可能会有多个品牌,一个品牌又会横向矩阵与纵向矩阵相交叉,同一个公司旗下的多个品牌之间又存在这样或那样的复杂关联,媒体矩阵中的宣传内容呈现方式又有差别,既有图文,又有动图、视频、直播等,在同一个平台,还可以开通多个姊妹号、母子号等,各种因素相互交叉,进而会形成一张纵横密布的媒体矩阵网。

打造媒体矩阵是现代互联网企业"绕不开"的必经之路。当"大众"越来越趋于"小众化",要想在宣传营销中赢得更多用户的关注,就必须让营销内容多元化。公众号上图文展示,抖音以短视频为主,营销内容多元化才能吸引不同的受众群体。鸡蛋不能放在一个篮子里,这一定律在互联网媒体营销领域同样适

用。建立矩阵是分散运营风险的一种可靠办法，多个媒体账号形成的矩阵中，其中一两个无法运营，虽也有影响，但不至于满盘皆输。

媒体矩阵可以通过不同的媒体渠道，建立触达用户的媒体内容，基于互补的原则完成对用户触点的立体式全面覆盖。那么，我们应该如何建立自主新渠道，打造自己的媒体矩阵王国呢？

（1）明确建立媒体矩阵的目的

诚然，建立媒体矩阵的好处是多方面的，但具体到不同的企业、品牌和产品，媒体矩阵的作用和价值也会存在差异。要想建立媒体矩阵，第一个要考虑的问题就是建立媒体矩阵的目的，我们想通过媒体矩阵实现怎样的目标，我们把建立媒体矩阵这件事放在什么样的优先级上，只有明确了目的，才会有判断媒体矩阵价值的标尺，才能最终科学决策是否有必要建立媒体矩阵。

（2）明确媒体矩阵的归属

在不同的企业内部，媒体矩阵的管理归属有不同的情况，有的归市场部管理维护，有的归运营部维护，也有些是专门成立了新媒体部，负责整个媒体矩阵的搭建及维护，还有一些企业是采用了运营外包给广告公司的方式。对于大公司来说，媒体矩阵是归属于集团总部还是子公司也是一个必须明确的问题。只有确定了归属，才能明确媒体矩阵的财务预算、人员安排、工作任务等。

（3）搭建媒体矩阵

搭建媒体矩阵有多种策略，比如有的企业采用"裂变"搭建方式，即先开通运营一个主号，当主号具备了一定的影响力之后，再开通其他姊妹号、母子号等，从而搭建起一个趋于完整的媒体矩阵；有的企业则采取"齐头并进"的搭建方式，即同时在多个媒体平台上开通运营多个账号，同步运营，俗话说"东方不亮西方亮"，众多的新媒体账号中，总有一些表现好、传播效率高的高价值账号。可以根据企业的实际情况，选择适合自身的媒体矩阵搭建方式。

（4）做好媒体矩阵的内容

内容是吸引流量的重要载体，媒体矩阵的内容好不好，吸引不吸引人，是直接影响传播效果的关键内容，总的来说，在做媒体矩阵的内容时要遵循轻产品、重传播的原则，与直接宣传产品相比，吸收受众目标带来流量才是更重要的事。

（5）差异化运营

不同的媒体平台，不同的媒体账号在运营上也是存在差异的，我们要根据不同平台和不同账号的特征，进行差异化深耕。比如微博，平台以"随时随地发现新鲜事"为特点，表现方式是140字＋图片，抖音则主打短视频，只有"到什么平台唱什么歌"，才能真正发挥出不同媒体的作用。

（6）捕捉热点

媒体矩阵的用途之一就是带来流量，要想获得更多流量，捕捉网络热点是不可不学的金牌技巧，热点事件就像一个巨大的流量库，只要我们能用最新的焦点话题根据品牌属性进行内容包装，那么就能借势获得更多流量，提高品牌的曝光量，这是一种非常实用、有效的媒体营销做法。

（7）做好用户服务

媒体矩阵除了引流外，还要做好"留存"，把一次性用户发展成短期用户，把短期用户发展为长期用户，要想做到这一点，为用户提供细致、周到的服务必不可少。为用户提供免费服务可以与用户建立起更密切的良好互动链接，增加

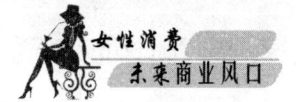

用户黏性和忠诚度。不妨在媒体矩阵中为用户建立积分体系、娱乐小游戏、社交圈子等,这有助于我们组建一支"种子用户"队伍,为媒体裂变营销打下坚实基础。

◎ 9.带着用户一起玩

在互联网营销领域,有一些非常有意思的现象:钱可以买到数不清的粉丝,但绝大部分都是僵尸粉;铺天盖地的广告,能够砸出品牌或产品知名度,但却带不来死忠粉;强推、宣传力度是够大了,可往往带不来用户,还很容易招来大家的厌烦;积分策略是留住会员、用户的常用办法,但实际上却往往很难留得住想走的人;注册绑定某某账号,是最常见的固粉手段,但却左右不了用户的真实意愿……

媒体营销的手段很多,大家都各有各的"套路",但今天的人们早已经在铺天盖地的营销宣传中有了免疫力,"任尔东南西北风,我自岿然不动"成了很多人对待网络营销的主要态度,在这样的情况下,很多媒体营销手段的效果也随即大打折扣甚至是直接失灵。那么,究竟该怎么办?怎样才能有效调动已经对网络营销反应迟钝的用户们嗨起来?

答案很简单,带着用户一起玩;答案也没那么简单,因为带着用户玩也是一门十分深奥的大学问。

首先，我们需要给广大用户抛出一个好玩、有趣的话题，让用户喜欢你或者愿意跟你在一起。简单来说，我们是钓鱼的人，用户是大海里分散的各种鱼，而我们抛出的好玩话题则充当着鱼饵角色，只有你的诱饵是鱼儿们非常喜欢的，才能把"猎物"吸引过来。

其次，我们需要与聚拢过来的用户建立强信任关系，这就需要与用户进行互动，我们可以通过更多话题或线上活动、聊天交流等多种多样的方式，逐渐与用户建立起深入的信任关系、朋友关系。

再次，回到"带用户玩"的事情上来，想办法让用户们聊得更开心、玩得更尽兴。这么做的原因是，我们可以运用用户的"趋利避害"心理，将自身与用户开心的情绪链接起来，让用户建立新的思维联想，当用户想到开心、高兴就立即想到你组织的好玩的活动，那么你的网络营销就成功了一多半。

最后，随着用户逐渐增多，我们需要升级用户管理方式，用更有效、更大量级的工具对用户进行精细化管理，换句话说就是做好用户运营工作。

"带着用户一起玩"究竟怎么个"玩法"，我们不妨看看支付宝的"好玩"招数：支付宝上除了付钱、收钱、花呗、借呗等一系列实用性功能外，还为广大用户设计了各种好玩的"活动"。比如"运动"通过记录步数进行排名形成了一个"体育类"竞技游戏；"蚂蚁森林"则通过收集能量来种树获得环保证书的方式，构建了一个"种植类"排名游戏；此外还有天天抽奖、天天红包、砸蛋等活动；"朋友"功能可与朋友转账、发红包、聊天……支付宝以实用功能为依托，以多种多样的游戏、活动等为血肉，为用户构建了一个集使用、娱乐为一体的虚拟世界。"支付宝在手，天下我有"，好玩的活动大大增加了用户的活

跃度。

用户运营，通俗来说就是带着用户一起玩，但是不同用户感兴趣的事情不一样，喜欢玩的游戏、愿意参加的活动也不一样，如此一来我们就需要对用户进行分级、分类、分阶段，这是带着用户玩什么、怎么玩的重要行动框架，也是对用户进行精细化运营的核心所在。

用户分级，即根据用户的不同市场价值将其分成优先级和非优先级等多个等级。任何一家公司用户运营的资源都是有限的，为了让有限的物质激励、荣誉激励能够发挥出最大的营销价值，我们需要把有限的资源匹配到最优质的用户群体中，这就需要做好用户分级。切记不可为所有用户都提供高质量的服务，这对于优质的VIP用户来说是不公平的，会严重挫伤他们的积极性。每一个优质客户都应该受到超出寻常的优待，只有将优质用户筛选出来，才能有针对性地制定策略、倾斜资源，从而挖掘出更多市场价值。

在实际商业领域，用户分级是一种非常常见的用户运营策略，比如网游公司，专门派工作人员挨个儿加"土豪大户"的微信，为其提供一对一贴身服务，第一时间解决他们的BUG反馈等问题；比如阿里在淘宝基础上打造了天猫平台，把优质的大型商家与中小草根买家成功进行了分级等。

用户分类，即根据用户的行为，如使用时间、活跃时间、购买记录、活动参与情况等对用户进行分类，分类的具体标准，不同公司有不同的分类办法，有的按照地理位置划分，有的按照注册时间的长短划分，有的按照使用频次划分，大数据精准的"用户画像"可以为用户分类提供切实可靠的依据。

在实际商业运用中，用户分类可以为运营提供决策支持，比如用户更偏好阅读财经类的内容,那么针对这一类用户的运营策略就是为其推送更多、更优质、更及时的财经类资讯等;对于参与活动频次高且晚上活跃的用户,在晚间为其推送更多活动显然更加合适……总的来说,用户分类越细致、准确,我们的运营策略就可以更精细化,转化率也会更高。

用户分阶段,即以时间维度为标准对用户进行划分,针对处在不同时间维度中的用户,要采用不同的运营策略。以网游行业为例,对于刚刚下载游戏首次登录的用户,一般都会发放"新人大礼包",鼓励用户玩游戏;对于已经玩了很久的"老玩家",奖励主要以任务奖励、升级奖励为主,同时借助"新皮肤""新技能""新武器"等吸引用户,并诱使用户充值来升级装备等……

任何一款产品都有一定的用户周期,比如网购用户呈现出浏览、关注、收藏、添加购物车、付款未收货、完成收货、评价等阶段,针对不同阶段的用户,我们的运营策略也要精细化,只有这样才能真正服务好用户,做好用户运营工作。

在互联网流量见顶的用户存量时代,如何带着用户一起玩,怎样做好用户的精细化运营,提升用户的复看、复购率,是非常重要且很有价值的,也是摆在很多企业面前的一个难以避开的重要难题。

◎第六章

女性逆袭时代，未来大幕开启

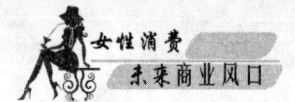

◎ 1.商业IP化进程不可逆转

随着一系列女网红的爆红，大众充分见识到了互联网泛娱乐时代的商业魅力，在这个互联网"连接一切"的时代，品牌与粉丝之间的强互动和强黏性，主要依赖IP，IP已经成为泛娱乐领域中连接和聚合粉丝情感的核心。一时之间，全民直播、全民网红成为一股不可逆转的潮流。

这是一个商业IP化进程不断深入的时代，也是一个女性逆袭的时代。不必有大量资本，不用有专业化技能，不用承担巨大商业风险，"做自己""展示自己"，充分发挥自己身为女性的亲和力优势，就有可能获得大批粉丝，形成自己的个人商业IP，成为万众瞩目的公众人物。在互联网泛娱乐化的趋势下，女性在事业、创业上有了更多可能。

以李子柒为例，她是一个出生在农村的普通姑娘，早早就离开了父母，与年迈的爷爷奶奶相依为命；她没有"金光闪闪"的学历，14岁便辍学前往城市打拼，睡过公园的椅子，啃过两个月的馒头；她没有"高大上"的技能，在城市中打拼的几年也并没有出现奇迹……就是这样一个姑娘，跟随自己的本心，选择回农村老家照顾重病的奶奶，期间拍摄的"古法风格"美食视频迅速爆红网络。如今的李子柒，拥有3000多万粉丝，不仅火遍大江南北，还红到了海外，其中海外粉丝达740多万，她制作的视频累计播放量近30亿，是2019年超级红人节最具人气博主，获2019年超级红人节最具商业价值奖。

从2016年开播到2019年，短短三年多的时间里，这个1990年出生的普通姑娘运用互联网彻底改变了自己的命运，连人民日报微博都对她赞赏有加："李子柒的视频不着一个英文字，却圈了无数国外粉。春耕夏种秋收冬藏，一箪食一瓢饮，到底是真实的生活或精心演绎其实不重要，重要的是它所表达的中式生活之美，在赏心悦目之际让人愿意接近。无声胜有声，李子柒的样本意义，绝不应被忽视。无论怎样的文化，想要让别人理解，必先打动人。"

李子柒的成功并不是个例，在过去三四年的时间里，在互联网泛娱乐行业，涌现出了一大批女性个人IP，papi酱、冯提莫、许静晚、代古拉K、彭十六等，众多女网红的成功"传奇"为广大女性开辟出了一条通往成功的大道。

随着个人IP在互联网商业领域中的"呼风唤雨"，已经有越来越多的女性加入进来，从孩子教育达人、仿妆大佬、宠主，到游戏主播、生活技能主播，再到手工达人、舞蹈爱好者、业余歌唱者等，无数女性进军互联网开始打造自己的个人IP，渴望成为第二个李子柒。

在这个全民网红的时代，获得一时关注的门槛大大降低，但门槛低同时也意味着惨烈的竞争，因为谁都可以做，即便是那些"红人"，也面临着巨大的潜在风险，怎样保持"长红"是一个躲不过、绕不开的难题。

从本质上来说，未来是一个去中心化、人人都是自媒体的时代，是一个商业IP化的时代。在网红门槛越来越低的今天，广大女性要想在这场盛宴中成功逆袭，就必须具备成熟的变现和产业能力，必须成为流量和商业交易的入口，否则将不具备商业价值，商业IP化是视商时代不可逆转的发展趋势。

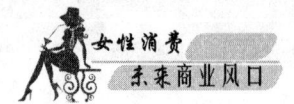

"自媒体"只是商业IP化的一个开始,未来个人爆红的"散兵"式成功,将会变得越来越困难,从"自媒体"升级成"自公司",从"散兵"升级为"正规军"是市场发展的一种必然趋势。仔细观察当前"网红"们的动作,也能发现其中的端倪,网红papi酱与"知识付费"领域的罗振宇强强联手,李子柒创立了自己的个人品牌,张大奕成功把颜值变成了市值完成了公司上市的华丽转身……不难发现,成功的"网红"小姐姐早已不再是单打独斗,她们都在谋求商业化的同时,积极争取获得更多的资源,从而维持优质内容的持续产出。

互联网IP经济诞生之初属于"关注经济",关注可以带来流量,进而吸引广告商,最终通过广告、商业推广等实现变现,这个阶段我们关注一个"红人",肯定会附带着不少广告。满屏广告并不会给大众带来优质体验,相反大概率会让人厌恶,于是互联网IP经济升级发展成了2.0时代的"带货经济",这时"红人"成为了一个人形"种草机",我们关注一个人,往往会在不知不觉中买回一大堆东西,但冷静下来一看,买的东西大多根本就不需要。

网红带货的商业逻辑很典型,但显然是难以持续的,广大消费者会因为冲动而购物,但他们不会一直冲动购买很多自己并不需要的东西,未来是互联网IP商业变现3.0时代,网红IP和商品的联系将更加紧密,网红不再是商品"导购",而是变身成为"品牌"的创立者、代言人,商品即IP符号,IP即商品符号,这时,人们关注一个人,便会购买打着此人IP符号的商品,且喜滋滋地认为买回了属于自己的东西。

消费"红人""明星"的粉丝忠诚度确实能够带来商业利益,但这样的商业模式注定是走不远的，用IP驱动产品才是未来的商业逻辑。优质IP本身就会拥有一定的价值取向，能够营造出一个特有场景，每一个受众都是这个场景或故事的参与者，产品扮演着进入这一场景或故事的"门票"角色。今天的人们购买的已经不再是产品本身，而是产品背后的why（为什么）。

在网红向IP蜕变的关键时期，谁能够快速完成社会价值完整链条的勾勒，能够真正走通从情感到流量，再到产业、社会，谁就能在这场大浪淘沙的竞争中脱颖而出。机会就在眼前，"她经济"时代，女性是舞台上的主角，只等你秀出你自己。

◎ 2.内容社区是商业体验的新场景

你喜欢看剧，我更愿意刷抖音；你没事就翻看小红书，我闲暇选择看知乎；你看各种各样的手工达人，我粉各式各样的动漫人物……在互联网的海量信息中，不同的人的内容偏好不同，于是便以"兴趣点"为核心，形成了一个个内容社区。

"内容社区"的概念，可能不少人会比较陌生，实际上我们很多日常使用的App、小程序、应用软件、平台等都属于"内容社区"，比如新氧App、大姨妈、宝宝树、她社区、女王日课、闺蜜社、if时尚等。

如今的内容社区早已经成为商业体验的新场景，以"宝宝树"为例，这个社

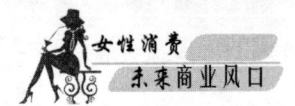

区聚集的都是备孕女性、孕期女性、新手妈妈，社区除了给广大女性用户提供一个相互交流经验、感受、情感的平台，还为广大女性用户提供一站式育儿服务，从备孕知识、看B超单到孕期知识，再到宝宝疫苗表、辅食大全等全覆盖，打造出了一个母婴产品消费新场景。在"宝宝树"平台上，女性用户不仅可以获取孕育知识、交流交友，还可以记录宝宝的成长，购买奶粉、尿不湿、玩具等各种母婴用品。

在流量越来越贵的用户存量时代，内容社区就好比是一个蕴藏着巨大流量的蓄水池，这里的用户因"兴趣"或某种共同点而聚集在一起，对于商家来说是再优质不过的用户群体。与在茫茫互联网大海中寻找分散用户相比，找到与自身产品相匹配的特定内容社区显然更有诱惑力，找到了内容社区就相当于挖到了一个可持续发展的固定用户群。

正是因为内容社区的巨大商业价值，所以不少企业、个人IP纷纷开始自行搭建内容社区，为自己建立流量蓄水池。那么，内容社区究竟该如何搭建呢？

（1）找准用户群，做好内容定位

对于一个内容社区来说，找准用户群和做好内容定位是相辅相成的，两者缺一不可，内容可以帮助我们筛选过滤目标用户群，特定的用户群又会因感兴趣的内容而聚集起来，成为内容的受众、传播者和生产者。比如一个以摄影为主题的社区，只有发布摄影师感兴趣的内容，才会聚集更多的摄影师，同样只有专业的摄影师才会发布高质量的作品，从而形成一个良性循环。在内容社区中，每个人都扮演着多重角色，既是内容的阅读者，也是内容的生产者；既是内容社区的组成部分，也可以随时游离到内容社区之外；既可以在内容社区中扮演"活跃"

的意见领袖,也可以扮演只阅读从不发布内容的"小透明"。这就要求我们,在运营内容社区时千万不能急功近利,让所有人都成功转化为我们的客户是不可能的,找到目标用户,让他们在内容社区中阅读内容、发布内容,这是必须做好的基础工作。

(2)基础功能要做好

内容社区必须具备一定的基础功能,如注册、登录、编辑器、讨论框、点赞、评论功能等。基础功能的好坏直接影响整个内容社区的发展情况,让用户在社区里发布内容,这显然是一件成本很高的事情,所以进入内容社区的门槛就要低,比如注册简便、登录便捷,如今鼓励用户使用微信、QQ等第三方社交账号直接登录成为一种普遍做法。此外,倘若内容社区的内容编辑功能用起来费时、费力还难用,那么即便是想发布内容的用户也会知难而退,俗话说"磨刀不误砍柴工",一定要给用户打造一套功能齐全、使用流畅简单的编辑、评论工具。

(3)做好内容推荐

内容运营是非常重要的工作,要时时关注阅读量、播放量、点赞量、评论量等数据,并依据数据情况及时给出反馈,做好优质内容的推荐。内容推荐可以帮助平台形成"鼓励优质内容"的良好氛围。

内容推荐的做法一般有两种:一是后台编辑人员将筛选出来的优质内容人工置顶到首页推荐,让更多用户看到;二是按照不同的维度对内容进行分类,并把特定的内容分发给对这一类型内容感兴趣的用户,比如今日头条会根据每个人的阅读习惯自动推荐相似或同领域内容,就是一个很典型的实际例子。

做好内容是让整个内容社区形成正向发展的关键,好的内容可以留住用户,

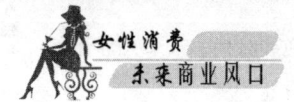

根据用户的喜好向其推荐内容可以与用户建立起强关系,当用户关注的内容逐渐增多,他们在内容社区的活跃度和活跃时间也会随之增加,这样一来,用户离开内容社区的可能性就会越来越低。

(4)建立友好关系

除了关注内容,还要重点关注发布优质内容的人,并与其建立友好关系。知名作者的入驻可以大大提高平台的软实力,同时平台的重点推荐也可以帮助作者提高自身的知名度。所以,在内容社区中,我们不仅要推荐优质内容,也要做好优质内容作者的沟通、合作工作。作者与平台强强联合,才能起到更好的效果。

(5)实现产品功能

内容社区的运营手段主要体现在产品功能上,比如用户成长体系、积分、金币、勋章等,除了这些用户虚拟奖励功能外,还要为用户提供人与人相互交流的产品功能,比如关注、点赞、收藏、订阅、打赏、屏蔽等。不管是什么类型的内容社区,成长体系和打赏功能都是必须要具备的,打赏功能可以鼓励用户发布优质内容,尤其是在平台拿不出多少钱鼓励优质作者的情况下,打赏功能就显得更加重要,在实际案例中,一些缺乏打赏功能的平台,大都会遇到大批优质作者停更的情况。

(6)搭建内容社区

内容逐渐完善后,我们就可以开始内容社区的搭建工作了。一般来说,内容社区的搭建有两种方式:一是产品初期的形态就是社区,内容就是在社区中产生的,论坛就是一个典型的例子;二是在内容之外,单独搭建一个社区,比如App中的小组。我们可以根据自己的需要选择适合自己的内容社区搭建方式。

◎ 3.女性多角色领导力

早在2012年,《亚太地区女性领导力调查报告》就显示:中国、印度和其他亚洲经济体的快速发展,已经缩小了包括健康、生存、教育、经济、政治等领域的性别差距。在中国,随着教育水平的提高,以及科学技术的发展,在商业领域,呈现出明显的"去性别化"特征,经济开始进入"她领导"时代。

男性领导力在全局观、战略思维和创新思维方面确实存在优势,但互联网早已经过了"发现新大陆"的"航海时代",在流量见顶的存量用户时代,如何与用户搞好关系才是成败的关键,在这一点上女性是与生俱来的领导者。

在局部推动、细节把握方面,女性有着先天优势,女性善于制订计划并有着非常强大的执行力,不管是落实战略还是推动业务变革,女性都是一把好手,在现代企业中几乎每个一把手身旁都少不了女性推手。

心理学研究显示:一个正常男人一天要说2000个词左右,一个正常女人一天要说大约7000个词。有人认为这种现象与远古时候的男女劳动分工有关系,在远古时代,人们依靠狩猎和采集生活,男人承担着狩猎的重任,为了不惊动猎物自然要少说话,而女人则主要负责植物的采集,需要经常相互交流采集经验,自然就会说话更多。

不管形成这种现象的根本原因是什么,我们都不能否认:女性比男性更擅长表达,也更喜欢说话,她们是天生的"关系"大师。女性领导在关系营建、人际沟通方面有着先天的优势,是公认的"社交"能手。

移动互联网时代,商业不再以"事"为核心,"人"才是移动互联网时代的商业逻辑核心。吸引用户的注意力,与用户建立更温暖亲和的关系,激发用户内心深处的情感与产品产生共鸣,为用户营造更好的购物体验这才是事关企业成败的关键。有研究表明,如果企业领导者不能在职业生涯早期,把对"事"的关注转化为对"人"的关注上,那么在企业或组织中将会遭遇"滑铁卢",个人发展也会遇到极大阻碍。

"自组织""去中心化""分布运行"……在移动互联网的商业大潮中,女性领导力正在起着越来越重要的作用,并呈现出多元化、多角色的发展趋势。

在意见存在分歧的情况时,女性则通常会更关注群体的关系,在分歧面前,她们会更关注团体成员的需求,并努力寻求一种大家齐心协力解决问题的办法。

不管是心理学研究,还是神经科学方面的研究,结果都显示:女性与男性在领导力发展的潜力方面都没有任何先天性、基因差别或重大劣势。女性完全有能力在商业领域占据一定的领导地位。

尤其是在移动互联网改变了领导力市场需求的大背景下,广大女性将迎来更多、更优质的岗位和机会。多元化时代,人们对女性高管的刻板印象正在被打破,女性领导者不仅可以是"女汉子",还可以是"女神""好妈妈"等多种形象。

曲冰身为奇虎360公司副总裁,一直追求果敢与柔美并存的领导力,在她看来，女性柔性的一面展现出了优势，用一种大家容易接受的方式去做工作会更容易解决问题。除了像曲冰这样的大型企业女性领导者之外，还有不少女性把"爱美""爱孩子"发展成了一项事业，她们用对待家人的方式对待自己的团队成员和用户，充分展现出了女性领导力的魅力。

以河南爱牧农业有限公司董事长郑好女士为例，她推出"72小时慢产蛋"这一明星产品的初衷是为了让自己的孩子吃上更优质、更放心的鸡蛋。一颗小小的鸡蛋，承载了郑好的管理理念和产品追求，这种对"细节"的追求让她迅速赢得了市场的认可，构建起了属于自己的商业帝国。

在互联网时代，情感、情怀是"硬通货"，更容易得到大众的认可，有人戏称，卖情怀比卖产品更容易。女性领导力中的感性因素，使得她们在这个时代更容易获得关注、认可和成功。未来，商业领域将迎来"她时代"，无数领导岗位和机会正在虚位以待。

在同济大学设计与创意学院教授朱勍看来，女性成熟早，表达力强，在受高等教育方面也已经不再是弱者，越来越多的女性接受了更好的教育，在经营企业、政府部门、社会管理等工作上，具有一定优势。

随着科技的进步，互联网正在为女性提供着越来越宽容的社会环境，越来越多的就业机会、领导机会，在"她领导"时代，女性可以更好地发挥自身的优势，更加自由地选择自己的事业与生活。

◎ 4.打造网络孪生生命体

纵观人类的整个文明发展史，我们先后经历了农业革命、工业革命、信息革命的洗礼，每一次技术革命都对人类的生活产生了深刻而巨大的影响。互联网信息技术的日新月异，彻底改变了人们的工作生活状态：足不出户就能买到各式各样的丰富商品；只需一台电脑就可以实现远程办公；空间距离不再是人与人之间交流的障碍，网络让我们随时都可以"在一起"……毫不夸张地说，互联网创造了人类生活新空间。

三维数字地球、三维数字城市……在虚拟的互联网世界，一个个网络孪生体正在诞生，卫星定位、大数据、三维、人工智能等技术的发展，正在以"现实"为蓝本，以网络为背景板，建设一个个新的网络孪生生命体。

在6G愿景研讨会上，中国移动研究院首席专家刘光毅指出：6G将可能涵盖触觉互联网等应用场景，并将帮助整个社会走向数字孪生。如果说5G会引领我们进入一个万物互联的时代，那么6G则会让整个社会朝着数字孪生的虚拟与现实结合的方向发展。

那么，数字孪生究竟是怎么一回事？关于数字孪生，早在2002年，美国密歇根大学教授Dr. Michael Grieves就在自己的一篇文章中提到了这一概念，他认为借助物理设备的数据，可以在虚拟（信息）空间构建一个可以表征该物理设备的虚拟实体与子系统，并且这种联系不是单向和静态的，而是在整个产品的生命周期中都联系在一起。

目前，数字孪生理念已经在航天航空领域得到了应用。开发两种相同的太空飞行器，以反映地球上太空的状态，从而协助飞行员进行日常训练和飞行准备已经成为载人航天领域中的一种普遍做法。

经过十几年的发展，到今天，数字孪生已经形成了国际统一定义，即充分利用物理模型、传感器更新、运行历史等数据，集成多学科、多物理量、多尺度、多概率的仿真过程，在虚拟空间中完成映射，从而反映相对应的实体装备的全生命周期过程。

这是一个超现实的概念，或许我们理解起来并没有那么容易，数字孪生，简单来说，就是现实世界中存在的每一个物体、每一个人，在虚拟的网络世界都会有一个映射或代理，人们在虚拟世界中可以通过模拟现实社会中的运行，实现对现实世界的预测和干预。虚拟世界中发生的事情，可以直接作用于物理世界，这听起来实在有些匪夷所思，但实际上并非不可能。

今天的智能家电，已经可以通过与手机等智能终端的互联实现远程操控，随着人机交互智能语音操控、传感技术、大数据等技术的发展，家电、家居等的智能程度将会朝着"科幻"的方向发展，甚至超出我们目前的想象力。

在刘光毅看来，6G时代应用场景可能会包括触觉互联网、全息、虚拟助理、多感官混合现实、身体域网络、机器间的协同、智能交互、空间通信等。

未来的互联网不再仅仅基于人体视觉，而是会最终进入触觉互联网时代，届时，信息的传递内容将超越今天的图文、声音、视频，甚至可以传递味觉、触

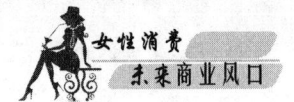

觉、情感,可穿戴式或可植入式的脑机接口,使得互联网传递的信息可以直接对人体大脑皮层进行刺激,从而实现真正意义上的"人机互联"。

以身体区域网络为例,未来每个人身上都有纳米机器人,可以随时收集整理人的各个器官运行数据,从而在互联网世界中形成一个网络孪生生命体,在网络中就可以实时跟踪查看我们的健康状态,倘若发现了病变,我们只须借助网络对身体内的纳米机器人发出相应指令,就能够对病变进行干预、治疗。

数字孪生是互联网不可逆转的未来发展趋势,届时也会对互联网商业领域产生翻天覆地的影响。人们可能只须借助可穿戴式VR设备,就能随时进入任何一个数字国家、数字城市,尝到各个地方特产的味道,摸到虚拟店铺中的商品,与虚拟店铺中的工作人员进行更密切的情感交流等。借助VR设备,我们可以足不出户就体验到世界各地的风情,买到我们感兴趣的商品。

未来,虚拟网络世界将更加真实,网上的购物场景将会更加丰富。从视觉、触觉、感知、听觉等,全面立体化地构建出一个网络孪生购物场所,将成为可能。

在数字孪生时代,要想抓住消费者,吸引大众的关注,打造网络孪生生命体则成为一种必然。今天的网红、IP等只是互联网商业初级阶段的表现形式,未来网络中的人格化特质将会得到加强,从而逐渐形成一个与现实生活中的人无限接近的孪生生命体,能和真人一样陪着顾客聊天、开玩笑,能和真人一样与顾客进行表情、肢体动作、情感上的深度交流,能和真人一样为顾客带来心灵上的满足和内心的温暖,有自己的性格、脾气、爱好,和真人一样具有非凡的个人魅力……

在今天品牌IP化、个人IP化的大潮之中，已经初步显露出这一发展端倪。未来大幕开启，站在风口上的人，才可能通过借势而一飞冲天。互联网给广大女性带来了更宽容的创业环境，每一个想实现逆袭、想改变命运的女人，都不应该错过这场互联网商业的盛宴，数字孪生时代正在悄然走近，打造个人IP、品牌IP已经远远不能满足未来互联网商业的发展需求，打造网络孪生生命体是不可逆转的发展趋势，活跃在互联网商业领域中的女神和小仙女们，未来已来，你们准备好了吗？

◎ 5.消费将是一个长长久久的过程

随着中国经济发展进入新常态，方便面、榨菜等方便食品的整体行业销量出现了回升，一时之间，关于"消费降级"的讨论甚嚣尘上。

那么，真的是"消费降级"了吗？消费是一个长长久久的过程，只要人类社会没有彻底消亡，消费行为就会一直存在，为广大消费者服务的市场就不会死亡。

事实上，消费降级只是一种错觉，中国人均GDP逐年增长，2019年人均GDP

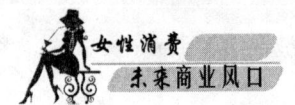

成功迈过了1万美元大关，不管是城里人还是农村人，大家的可支配收入都呈现逐渐增加的趋势。那么，为什么会出现"消费降级"的讨论呢？这与中国消费市场的结构性变化和消费分级有直接关系。

以女性美妆品牌"植物医生"为例，在北京、上海、广州等一线市场，植物医生的影响力非常薄弱，甚至可以说一点存在感都没有，但实际上早在2016年植物医生就在全国布局了3000家门店，下沉到二三线市场，甚至是农村市场，已经成为越来越多企业的选择。

在人们的固有观念中，一线城市是最大的消费市场，有着最优质的消费客户，因此也理应倾斜最好的资源。事实上，近几年来，这一规律早已经被打破，中国银联发布的消费数据统计显示：二三线城市居民的消费能力大幅提升，以呼和浩特、郑州、太原等为代表的中西部地区和二三线城市的商圈消费金额年均增速显著快于深圳等东部城市，地区间的消费差异正在逐步缩小，消费市场结构发生了较大变化。

未来，二三四线生活的家庭"女主人"才是消费界当之无愧的女王。她们虽然收入不及一线城市的女白领高，但一般有房有车无贷，生活方便，经济压力不大，所以消费能力并不弱；她们生活节奏慢，整体生活状态更加悠闲，追求有品质的生活，从餐饮聚会、娱乐休闲，到观光旅游、年节礼品、网上消费，都洋溢着满满的消费热情，"敢于花钱且决策过程短"是她们的群体标签。

随着一二线城市的市场日趋饱和和互联网流量见顶，今天的互联网消费结构已经悄然发生了变化，未来互联网商业的增长动力已经从一二线超大城市转移到了三四线城市，主导消费的人群也已经从精英阶层转移到了"小镇女青年"身上。

得"小镇女青年""小城市家庭女主人"者，得天下。不要被消费降级的迷雾遮住了双眼，也不要固守着过去的超大城市即一级消费市场的旧观念，与时俱进，抓住消费市场地区转移的机会才是成功的关键。

在城市与农村之间，有着数以千计的县城，从而形成了一个如同千层饼一样的多层次市场，区块性的市场导致了消费分级现象的产生。

在一线职场精英们眼里，"打赏女主播"的行为不可思议，但在巨大的直播行业中他们没有主导权，真正的主导权是在人数占据绝对优势地位的县城青年、小镇青年手中，他们通过给美女主播打赏来实现攀比的价值观，成功带火了一大批网络女主播。

消费市场分级，正在呈现出越来越细的趋势，只有针对不同维度的市场采取不同的营销策略，推出不同的产品，采用不同的价格策略，才能真正服务好客户，赢得更多客户。

不管是高端客户，还是低端客户，不管是一线城市的客户，还是县城里的客户，我们在宣传营销的过程中都不要抱有原始偏见，年龄差、代际差、地区差等形成的消费人群分层是一种必然，谁在面对客户时的态度更开放，谁就更容易赢得更大的市场。

消费升级还是降级并不重要，最重要的是中国未来五年最大的发展趋势是消费分级。四通八达的高铁把东西部、大小城市紧密联系在一起，电商、快递正在彻底改变着人们的购物方式。

拼多多瞄准低线城市女性的低价打法，获得了巨大成功，成立不到三年就做

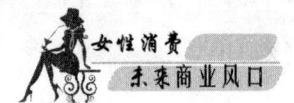

到了月GMV突破百亿元大关，App活跃度居电商前三。拼多多的用户有超过60%的人来自三线及以下城市，正是被淘宝、京东忽略的三四线城市的广大女性用户成全了拼多多的商业奇迹。

三四线城市的女性，空闲时间很多，她们在购物时不追求高效率，而是更在意价格，对价格敏感不等于没有购买力，事实上她们的购买力很强大，是"她消费"时代的中流砥柱。

消费是一个长长久久的过程，怎样赢得消费者对于广大互联网女性从业者来说也是一个永远要面对的难题。俗话说"只有女人才更了解女人"，男人很难理解小镇女青年为了购买某件商品，给亲朋好友发链接求"砍一刀"的行为，但女人们却对这样的游戏乐此不疲，在服务女性消费者方面，女性具有男性不可超越的优势。广阔的消费分级市场给我们提供了层层叠叠的美味"奶油"，只要你想吃到分级消费市场这块蛋糕，就务必要跟上消费市场结构性变化的趋势，这才是通往成功的必经之路。

◎ 6.社交电商是个大趋势

随着互联网行业的不断发展，电子商务与社交逐渐融合，出现了社交电商的发展新趋势。所谓"社交电商"，即借助微博、微信、抖音等网络社交平台对商品内容进行传播分享，从而引导用户产生购买行为的商业模式。与搜索引擎竞价排名、弹窗广告等相比，社交电商具有非常突出的优势，也正是因为如此，社交电商一经出现就迅速获得了繁荣发展，如图6-1所示。

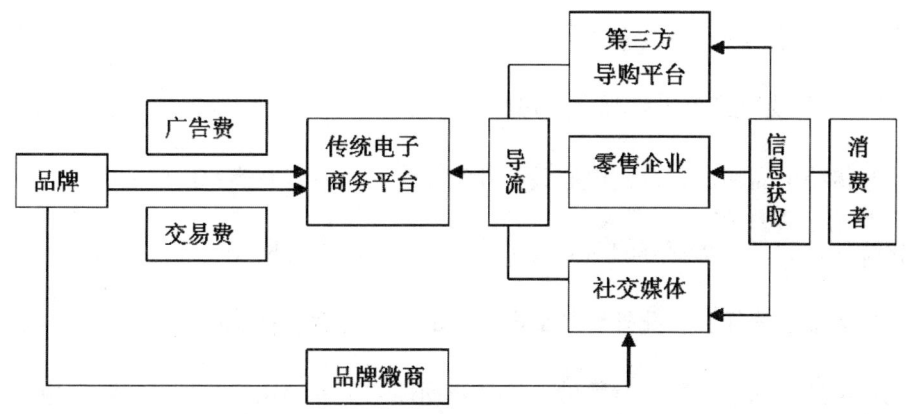

图6-1 社交电商产业链模式图

那么，社交电商的优势究竟有哪些呢？

（1）社交电商拥有巨大的商业潜力

大量真实人群聚集的社交网络上，无疑是一个流量丰富的储水池，加之社交网站中的用户与用户之间都有好友、粉丝、关注、点赞、收藏等人脉关系，对于电商来说，社交网络拥有着巨大的商业潜力。他们不仅是潜在的顾客，还会通过分享购物体验、发布购物过程扮演业务"导购员""推销员"的角色，他们会在不知不觉中回答其他网友在哪儿买、哪个品牌好等问题，从而对尚无消费需求的人产生影响，促使其产生购买行为。

（2）社交电商的用户群更精准

不管是现实生活中的社交，还是互联网上的社交，都是"物以类聚，人以群分"，在特定的群组中，聚集的都是拥有一定共性的人，这种互联网社交的分组，就为电商提供了精准的用户群，商家只须找到与自己商品匹配的社交群落，

就可以充分了解这一用户群的爱好、习惯、兴趣、消费诉求等,从而有针对性地制订出更精确的营销计划。由于用户群精准,所以社交电商的转化率要比传统电商更高,可以达到6%~10%。

(3)社交电商互动性强,用户黏性更大

与传统电商相比,社交电商具有社交属性,消费者和商家之间的关系呈现多元化特征,除了买卖双方的对立关系外,还有社交中的朋友或熟人关系,可以大大提升双方的信任感。此外,社交电商中的口碑传播、社交用户交流等,对于提高用户忠诚度和复购率很有帮助。社交互动性和更好的用户黏性使得社交电商明显优于传统电商。

(4)社交电商的时间成本、营销成本更低

如今的互联网商业领域早已经过了跑马圈地的时代,呈现出巨头林立的行业特征,有相关统计数据显示:阿里一家就占到了网购市场份额的78%……大量用户和流量聚集在电商巨头手中,对于中小个体商家来说,要想获得这些公域流量就必须为此支付高昂的成本,比如"烧直通车""买竞价排名""购买主页展示位"等。社交电商开辟了一个新的流量入口,因用户精准,可以采取更精准的营销策略,商家的营销成本低,消费者购物的时间成本也低。

社交电商的形态是多种多样的,一般来说,主要有以下六种形态。

形态一:电商社交

电商社交,顾名思义,就是传统电商,为了增加用户黏性,强化与用户的沟通互动,提升销售业绩而自己搭建社区的形态模式。比如我们非常熟悉的微淘、淘达人、淘直播等就是电商淘宝打造的社交部落。此外,还有一些商家会通过邀请社交领域的KOL充当自己的导购，从而来提高商品转化率，比如不少商家会与薇娅合作使其为自己的商品带货。这两种形态都是传统电商转型后的电商社交，由于转型方法简单，所以成本也比较低。

形态二：社交电商

与电商社交相反，社交电商是指以互联网社交起家的社交平台，在聚集起大量的人气后，通过售卖周边商品来实现流量变现的商业形态。社交电商的核心商业逻辑是，先用优质内容圈粉丝、拉用户，然后再通过卖货来赚钱。小红书、"大姨妈"等App就是非常典型的例子。以"大姨妈"为例，这是一款主打女性经期健康服务的应用软件，为广大女性用户免费提供生理健康知识、经期记录、易孕期预测等服务，应用一经推出后，很快就吸引了一大批女性用户，随后"大姨妈"开通了电商功能，开始售卖姨妈巾、验孕棒等周边商品。

形态三：导购型社交电商

导购型社交电商的实际形态既有平台，也有个体。蘑菇街是典型的导购型社交电商平台，商业核心逻辑是搭建平台，聘请KOL导购，和线下商场购物一样，通过导购与用户的沟通交流引导实现最终的成交。个体形态在电商领域中很常见，比如我们非常熟悉的网红、微商、淘宝客都属于这一类型，其商业核心逻辑是利用自己一切可以触达的社交网络，铺货赚钱，谁的社交网络更大、好友或粉丝越多，谁就越能够赚到更多的利润。

形态四：平台型微商

平台型微商一般可以分成两类：一是中心化平台微商，目前这一模式还处在

探索发展阶段，尚未形成成熟的商业模式，其运营涉及的因素比较多，如平台和商家的关系，商家与商家的关系，商家与微商的关系，微商与微商的关系，商品如何供应，具体怎么运营等，网易考拉就属于中心化的平台微商；二是去中心化的平台微商，简单来说，他们只卖自家产品，平台上也只展示自家产品，是一种比较简单的商业模式。

形态五：微商代理

微信朋友圈里天天刷屏做宣传的微商就属于这一商业形态，其商业核心逻辑是代理商囤货销售赚差价，和传统线下的代理商经营思路是一致的，这种模式具有用户黏性强、信息传达快、容易复制、管理难度小等优点，但缺点是缺乏第三方监管，代理的层级较多，一旦总代理圈钱走人，必然会对终端消费者和底层代理造成巨大伤害。

形态六：拼团型平台

近几年，电商领域突然冲出的黑马拼多多就属于典型的拼团型平台，大家一起拼一起买更实惠，这种商业模式充分运用了人们的占便宜心理，借助社交的"砍一刀""分享领券"等方式进行传播，可以引起用户裂变效应，大大提高成交率。缺点是，如果没有了"实惠"，那么社交传播也就很难玩得转了。

互联网流量见顶以及各类电商获客成本的增加，逼迫着广大电商必须去寻找新的低成本流量，开拓新的销售渠道，社交电商就是未来的一个主流发展趋势，机会摆在眼前，请开始你的选择。

◎ 7.达人如何走向资本市场

对于女性来说,这是最好的时代,也是最具挑战性的时代;是最宽松的时代,也是最刺激的时代。人工智能等信息技术的发展,逐渐取代人的逻辑思维,一些重复性、机械性的工作,在人工智能面前变得岌岌可危。

工业生产、采矿、钢铁加工、机器制造……在半自动化、全自动化、无人工厂等的大范围普及情况下,男性原本占据优势地位的领域正在被蚕食,人工智能可以替代人的逻辑思维,但创意、艺术等感性思维却永远不会被取代,而这些感性思维正是女性的优势所在。有专家认为,在人工智能时代,女性所能担当的职业往往比男性走得更远。

换句话说,人工智能时代的来临,也是女性创业时代的来临。清流资本副总裁刘博表示,女性创业者的黄金时代已经到来,在垂直和消费升级的时代,具备特质的女性创业者更容易在这个消费升级大潮中获得成功;在审美的时代,针对女性用户的产品更多是要解决用户的效率、品位和审美问题,女性创业者天生的特质其实可以赋予到产品当中的。

从消费市场的角度来看,女性创业者具有明显优势,在"她消费"时代,女

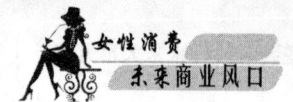

性成为家庭消费的主导者、决策者,她们比男性更清楚市场需求什么,产品应该具备怎样的特质,如何营销更容易赢得消费者认可。

从创业心态上来看,在遇到困难和挫折时,女性所能够承受的压力要比男性大得多,整个社会文化对女性犯错、示弱、失败的容错率更高,对男性失败者则比较苛刻,这也就导致了在面对相同困境时,男女心理上承受的压力是不同的。俗话说失败是成功之母,输得起才能赢得漂亮,显然女性比男性更不惧怕失败。

从受教育程度上来看,进入21世纪以来,女性通过高考成为大学生的比例持续攀升。相关统计数据显示,1999年,女生在全部录取的学生当中占比40%,到了2013年这一比例达到了55%,早在2010年,全国女硕士就首次超过了男生,越来越多的女性受到了更好的教育,为事业发展、个人创业等打下了坚实的基础。

互联网时代,确实是女性创业的时代,女性创业具有自律、坚韧、抗压强等特点,但同样也存在短板。香港投行的统计数据显示:女性在资本市场往往要比男性付出更多的代价,女性创业得到资本的支持概率要小于男性的1/6。

尽管在90后、85后的创业项目中,女性创业者得到了更多资本的支持,自媒体也为女性提供了创建小微企业的机会,但对于广大女性创业者来说,如何走向资本市场,如何玩转资本市场依然是摆在眼前的一个不小的挑战。

身为女性创业者,我们怎样才能得到资本的信任呢?

(1)产品及服务是否具备核心优势

我们首先需要搞清楚以下三个问题:

第一,为什么要做这款产品或这项服务,我们行动的目的是什么,是为了赚钱，还是为了吸引更多流量；是为了打造完整的商业闭环，还是为了抢占蓝海市场？

第二，我们选择的产品或服务为什么可以赚钱，或者说凭什么可以赚到钱，是因为"独一无二"，还是价格便宜；是因为服务更好，还是使用起来更便利？

第三，我们的产品或服务是通过怎样一个过程或模式实现盈利的，在实际操纵过程中，真的能够实现"盈利"吗？

现代社会的商业竞争，归根结底是商业模式的竞争，能否搭建一个优质的盈利模式，直接关系着企业的成败，能否把自身的商业模式清晰、简洁、有说服力、有感染力地呈现给投资人、风投机构，是事关我们能否得到资本市场支持的关键因素，必须要引起重视。

（2）流程是否实现了标准化

不管是产品，还是服务，如果不能真正实现标准化，那么必然难以实现可持续性发展。质量参差不齐的产品或服务，只会给广大消费者留下"不专业""不敬业""不靠谱"的负面印象，从投资人或风投机构来说，不能实现标准化就意味着更多的不可控，只有流程完全实现标准化，才能去复制裂变，让收益呈现出几何倍数的增长。简单来说，流程标准化的项目更容易受到资本市场的欢迎，反之，想赢得资本市场的支持就要困难得多。

（3）能否实现"人"的标准化

投资不是投的项目，而是投的人。事实上，这种说法确实有其内在的道理，尤其是对于互联网企业来说，最大的资产是人，人是驱动项目发展的灵魂，倘

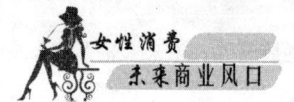

若没有人才,缺乏团队执行力,那么再好的项目也难以在创业的土壤中存活。"人"的标准化,优质"团队"的打造对于资本市场来说,都非常重要,谁做得更好,谁就更具投资价值和投资潜力。

总的来说,只要你能够为用户提供更好的产品或服务,在流程中做到了标准化,同时拥有极具创造力、执行力的核心人才团队,有独特化的商业模式,成功培育出了大批用户,那么,你不必去费力寻找投资人、风投机构,他们会主动找上你、跟随你,并积极为你"买单"。尽管女性创业者在资本市场中呈弱势地位,但要想进入资本市场,成为投资的宠儿并非没有机会。今天,"亏钱"的企业一夜走向IPO,赚钱的企业不一定能上市,已经成为一种正常现象,能否赢得资本市场的支持和青睐,最关键的还是你做了什么,为什么而做。聪明的你,找到那把通往资本市场的钥匙了吗?

◎ 名词解释

她时代

互联网和科学技术的繁荣发展,直接推动着社会从"力时代"走入"知识信息经济时代",女性生理上的劣势逐渐淡化,并成为经济浪潮中不可取代的一股强势力量。在职场中,中国女性劳动参与率超过70%,活跃在各行各业的舞台上,中国家庭主妇们高达50万亿元的消费资金,支撑着无数个行业的发展;在消费领域中,女性已经成为整个消费市场的中坚力量,成为消费的主导者、决策者;在创业领域,《数字时代新女性调研报告》显示超过1/4的受访女性有创业计划,互联网是最受女性青睐的创业领域之一……21世纪,是继母系社会之后又一个给予女性充分发展空间的世纪,女性正无所畏惧地踏入充满竞争的男性世界,并凭借女性特质脱颖而出,创造出绚烂的"她时代"。

她经济

"她经济"又被称为"女性经济",这一概念最初是由著名经济学家史清琪女士提出的,她指出,越来越多的商家开始从女性视角来确定自己的消费群,设计并开发新产品。早在2007年,"她经济"一词就被纳入了教育部公布的171个汉语新词行列。女性在经济上的独立自主,催生了旺盛的消费需求,围绕着女性理财、消费形成了特有的经济圈和经济显现,"她经济",一个新的经济增长点

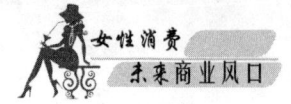

已经形成。

她领袖

目前,互联网商业领域呈现出明显的"去性别化"特征,越来越多的女性走上管理岗位,有相关统计数据显示,在参加工作的女性群体中,35岁以下就成为管理层的比例高达51%;选择创业的女性也越来越多,中国女企业家资产状况和盈利水平总体上高于全国平均水平。成熟产业内女性领导的崛起,已经成为一种必然趋势,"她领袖"逐渐成为互联网商业领域中的一道独特风景线。

泛娱乐

"泛娱乐"这一概念最早是由腾讯集团副总裁程武于2011年提出的,是指基于互联网与移动互联的多领域共生,打造明星IP(intellectual property,知识产权)的粉丝经济,其核心是IP,可以是一个故事、一个角色或者其他任何大量用户喜爱的事物。2014年,"泛娱乐"一词被原文化部、原国家新闻出版广电总局等中央部委的行业报告收录并重点提及。随后,小米、华谊、阿里数娱、百度文学、艺动、通耀、360等企业纷纷将"泛娱乐"作为公司战略大力推进,"泛娱乐"成为被业界公认的互联网未来发展趋势之一,目前"泛娱乐"正在朝着"新文创"的方向不断升级、演变。

颜值经济

颜值是从2014年开始火起来的一个网络词汇,源自于日语"脸"的汉字"颜",有网友猜测这一网络词汇可能最早出现于喜爱漫画或日剧的团体。"颜值"一词用来表示人物颜容英俊或靓丽的数值,用来评价人物容貌。随着人们生活水平和收入的提高,"爱美"的需求被充分释放,在这个看脸的时代，变美已经成为大众的一种普遍性追求，服饰、化妆品、健身、减肥、塑性、整容等与"美丽"直接相关的行业获得了爆发式增长，形成了一种独特的经济现象，即"颜值经济"。

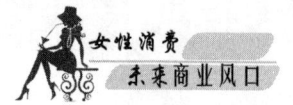

附录

附录1　如何使用视频音频工具

所谓"磨刀不误砍柴工",强大的视频音频工具是我们生产数字内容的好帮手,掌握了视频音频工具的使用办法,工作起来就可以达到事半功倍的效果。目前市面上有很多音频视频制作工具,我们从中筛选出了5种功能强大且实用的工具为大家做介绍。

1.神奇变音器（Amazing Slow Downer）（见附图1-1）

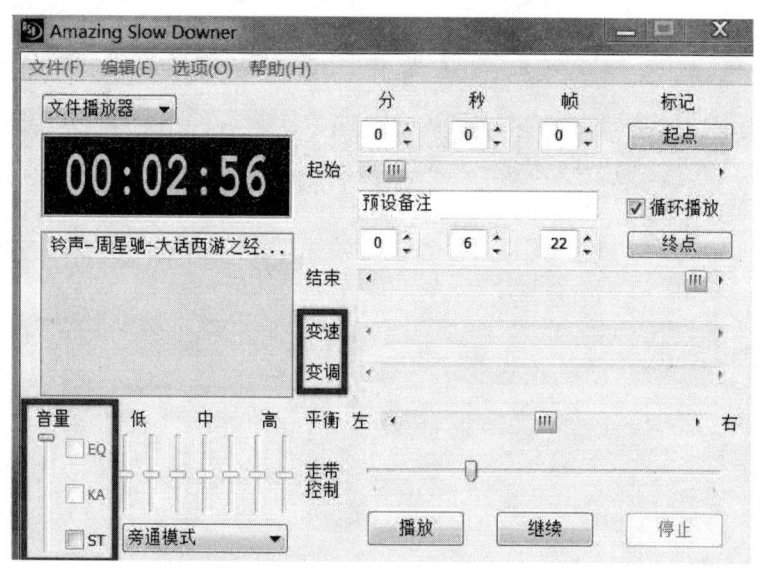

附图1-1　Amazing Slow Downer界面

这是一款专门为玩音乐的人设计的"混音播放工具",可以不用改变音调,就直接把歌曲变快或变慢,可调节范围从50%~400%。使用起来很简单。打开软件后，选择需要的音频文件播放（支持CD光盘、MP3、Wave、OGG等多种文件格式），在界面可自行控制速度、音调、音量，全部选好后保存即可。

用这款软件做音效，可以让你轻松成为打碟高手，不管你手中的音乐是什么，都可以变身成为时髦的俱乐部音乐。

2.变声专家（附图1-2）

变声专家的功能非常强大，可以完成多种声音的变声，老人声、小孩声、男声、女声，变换声音随心所欲，还可以把你的声音改成50多种动物和其他非人类的声音。不管是在线直播，还是为视频剪辑、解说等增加配音都非常实用。

更难得的是此工具兼容性好，可以和各种在线游戏同时使用，特有的hook模式和虚拟音频驱动模式，可以兼容任何基于互联网的程序、语言聊天应用、即时通信程序、VOIP网络电话、网络游戏中的语言聊天系统。

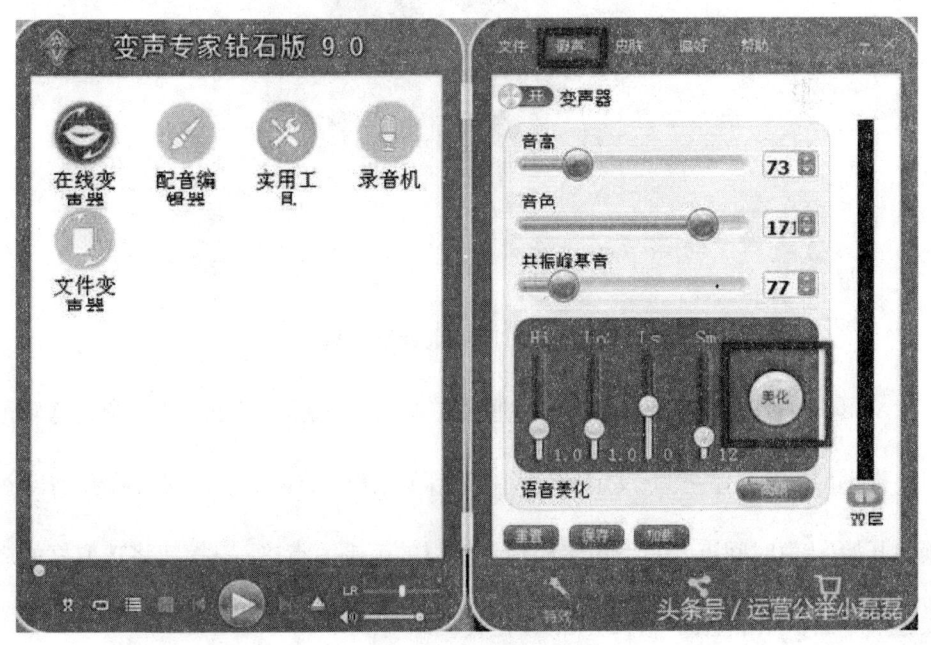

附图1-2　变声专家界面

比如在线直播的时候变声，只要打开软件，点击假声，选择将要变化的声音。调整语音美化均衡器，选择合适的美化选项，在高级中调整降噪，就能调出最清晰的声音。使用起来非常简单方便。

3. Avidemux（见附图1-3）

这是一款免费的视频编辑器，可以进行剪切、过滤和编码等任务，支持非常广泛的各类文件格式，并能从文件中分解声音，拥有强大的多任务处理和脚本功能。

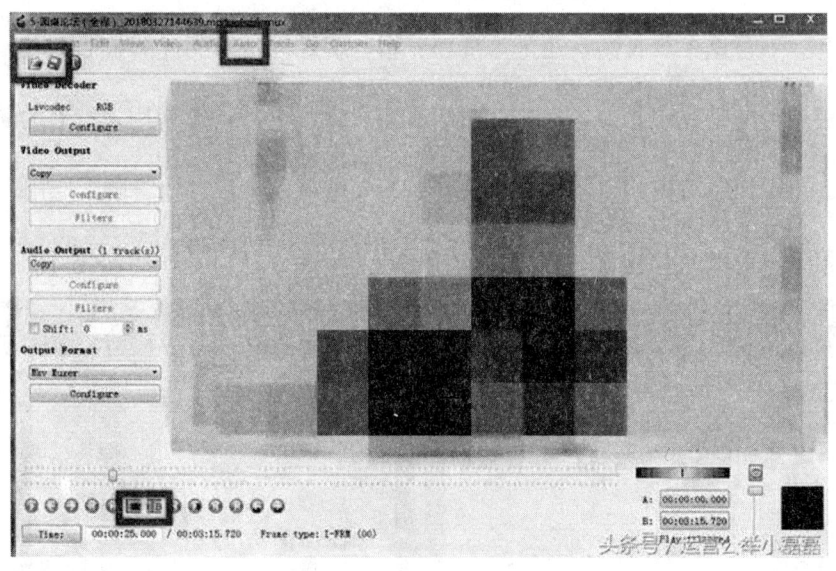

附图1-3　Avidemux界面

Avidemux使用起来也非常简单，通过左上角的按钮将视频打开，调整剪辑范围，拖动时间轴，再按下设定标记A（开始）及B（结束）按钮，选择要剪辑视频的开始/结束时间点，右下角会出现要剪辑的范围，点击save按钮将选取好的视频进行存储，点击上面一排的Auto按钮转档即可。

如果是多个视频合并，先点击左上角的Film载入第一个视频，接着以同样方式在同样位置载入第二个视频，自行选择时间轴，确定载入后，按save保存即可。

4. ArcTime Pro（见附图1-4）

这是一个可视化字幕创作软件，可快速创建和编辑时间轴，进行高效的文本编辑和翻译。

使用时，直接打开软件，将需要添加字幕的视频拖拽到软件里，视频就会自动播放，选取要添加的文字粘贴到右侧的文本框里，按照一句句台词分行并去掉标点符号即可。

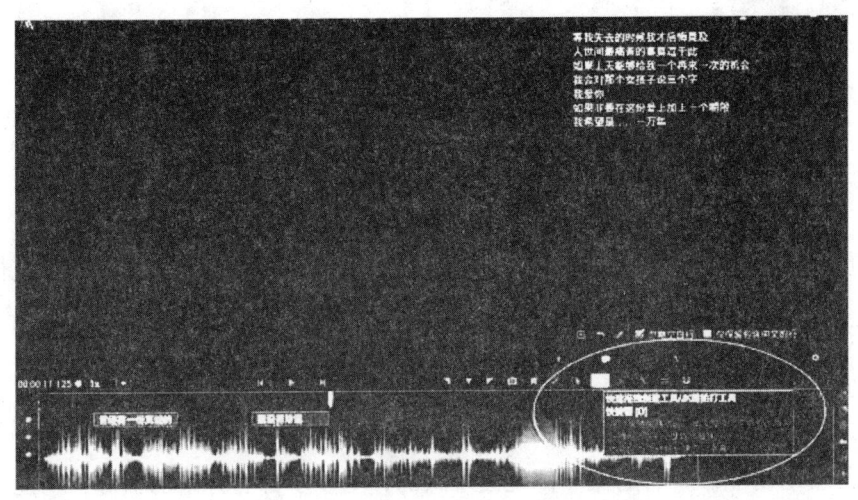

附图1-4　ArcTime Pro界面

软件中有"字幕快速拖拽"图标，点击后一句句字幕就会跟着鼠标的方向走，在要插入字幕的地方按住拖拽，在合适的地方停下，这句字幕就算加进去了。

此外，字幕的字体大小和样式可根据自己的需要进行修改，改好后点击文件，选择"保存工程并生成字幕"就可以完成字幕中字体的修改。

5. 爱剪辑（见附图1-5）

爱剪辑是国内首款全能型免费视频剪辑软件，拥有给视频加字幕、调色、加相框等齐全的编辑功能，很多创新功能和影院级特效，使它成为迄今最易用、最便捷的视频剪辑软件。

附图1-5 爱剪辑界面

屏幕左边有添加视频功能，视频加入后，在编辑页面可以自由对视频进行剪辑，选定后还可以插入音频，插入方法与视频相同，在弹出的下拉框里，可以根据自己的需要添加音效或背景音乐。此外还有去水印、合并视频、选择色调、加字幕等常用功能。所有的操作都是傻瓜式的，一步步都有详细的引导，功能多样化，可以充分满足大家的所有需求。

6.剪映（见附图1-6）

剪映，是抖音推出的一款非常实用的手机视频剪辑应用工具，可为用户提供手机视频剪辑功能，支持分割、剪切、变速、倒放等功能。有专门的画布功能，可以灵活设置视频画面大小比例。支持叠化、闪黑、运镜、特效等多种效果。而且还有贴纸、边框、文字添加以及背景音乐，滤镜、美颜等多种特色功能，曲库资源丰富，素材超多，而且还是一款完全免费的小应用。软件发布的系统平台有

IOS版和Android版。

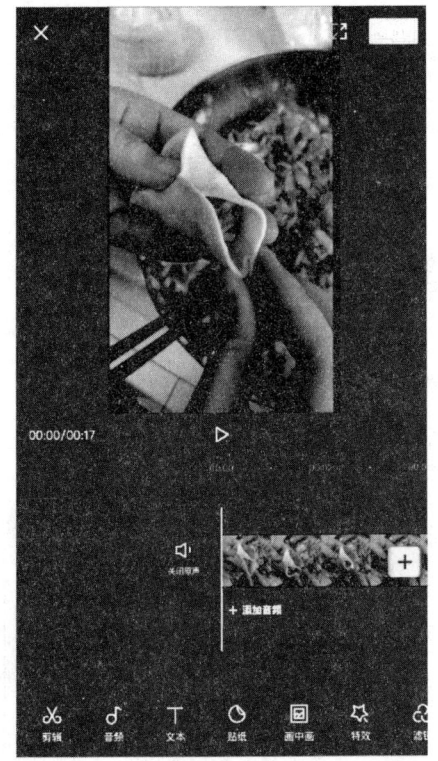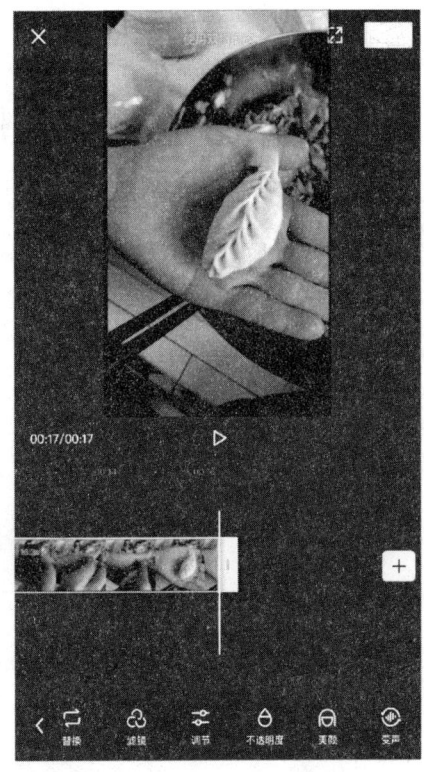

附图1-6 剪映界面

剪映堪称是一个全能好用的视频编辑工具，它完全能够满足你进行视频制作需求。软件体积小巧，界面整洁，它直接将强大的编辑器呈现在你的面前，所有功能简单易学，帮你轻松剪出美好生活，让每一个人都能制作出大片一样的精彩vlog。

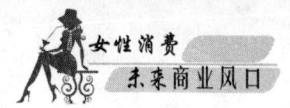

附录2 如何进行裂变式营销

裂变式营销的原理是通过诱饵诱导用户在自己的社交圈进行传播，一传二、二传四的模式，指数级增长。裂变式营销做得好，可以在短时间内获得大量用户（见附图2-1）。

裂变式营销公式：裂变=载体+工具+创意+价值+用户池+运营

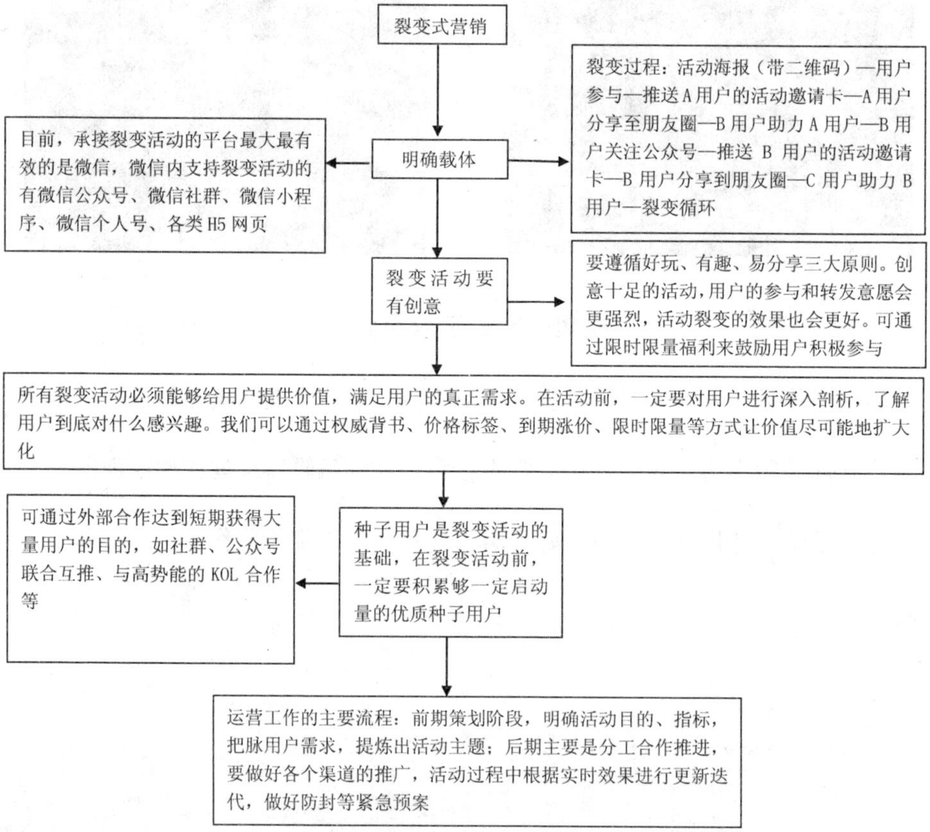

```
                        ┌─────────────┐
                        │  裂变式营销  │
                        └──────┬──────┘
                               ↓
┌──────────────────────┐  ┌─────────────┐  ┌──────────────────────────────┐
│目前，承接裂变活动的平│  │  明确载体    │→ │裂变过程：活动海报（带二维码）│
│台最大最有效的是微信，│→ │             │  │—用户参与—推送A用户的活动邀请│
│微信内支持裂变活动的有│  │             │  │卡—A用户分享至朋友圈—B用户助│
│微信公众号、微信社群、│  │             │  │力A用户—B用户关注公众号—推送│
│微信小程序、微信个人号│  │             │  │B用户的活动邀请卡—B用户分享到│
│、各类H5网页          │  │             │  │朋友圈—C用户助力B用户—裂变循│
│                      │  │             │  │环                            │
└──────────────────────┘  └─────────────┘  └──────────────────────────────┘
                               ↓
                        ┌─────────────┐  ┌──────────────────────────────┐
                        │裂变活动要   │→ │要遵循好玩、有趣、易分享三大原│
                        │有创意       │  │则。创意十足的活动，用户的参与│
                        │             │  │和转发意愿会更强烈，活动裂变的│
                        │             │  │效果也会更好。可通过限时限量福│
                        │             │  │利来鼓励用户积极参与          │
                        └─────────────┘  └──────────────────────────────┘
                               ↓
┌──────────────────────────────────────────────────────────────────────┐
│所有裂变活动必须能够给用户提供价值，满足用户的真正需求。在活动前，一 │
│定要对用户进行深入剖析，了解用户到底对什么感兴趣。我们可以通过权威背│
│书、价格标签、到期涨价、限时限量等方式让价值尽可能地扩大化            │
└──────────────────────────────────────────────────────────────────────┘
                               ↓
┌──────────────────────┐  ┌─────────────┐
│可通过外部合作达到短期│  │种子用户是裂 │
│获得大量用户的目的，如│← │变活动的基础 │
│社群、公众号联合互推、│  │，在裂变活动 │
│与高势能的KOL合作等   │  │前，一定要积 │
│                      │  │累够一定启动 │
│                      │  │量的优质种子 │
│                      │  │用户         │
└──────────────────────┘  └─────────────┘
                               ↓
                    ┌──────────────────────────────────────┐
                    │运营工作的主要流程：前期策划阶段，明确│
                    │活动目的、指标，把脉用户需求，提炼出活│
                    │动主题；后期主要是分工合作推进，要做好│
                    │各个渠道的推广，活动过程中根据实时效果│
                    │进行更新迭代，做好防封等紧急预案      │
                    └──────────────────────────────────────┘
```

附图2-1 裂变式营销

附录3 针对女性商业模式的设计模型

针对女性的商业模式设计模型如附图3-1所示。

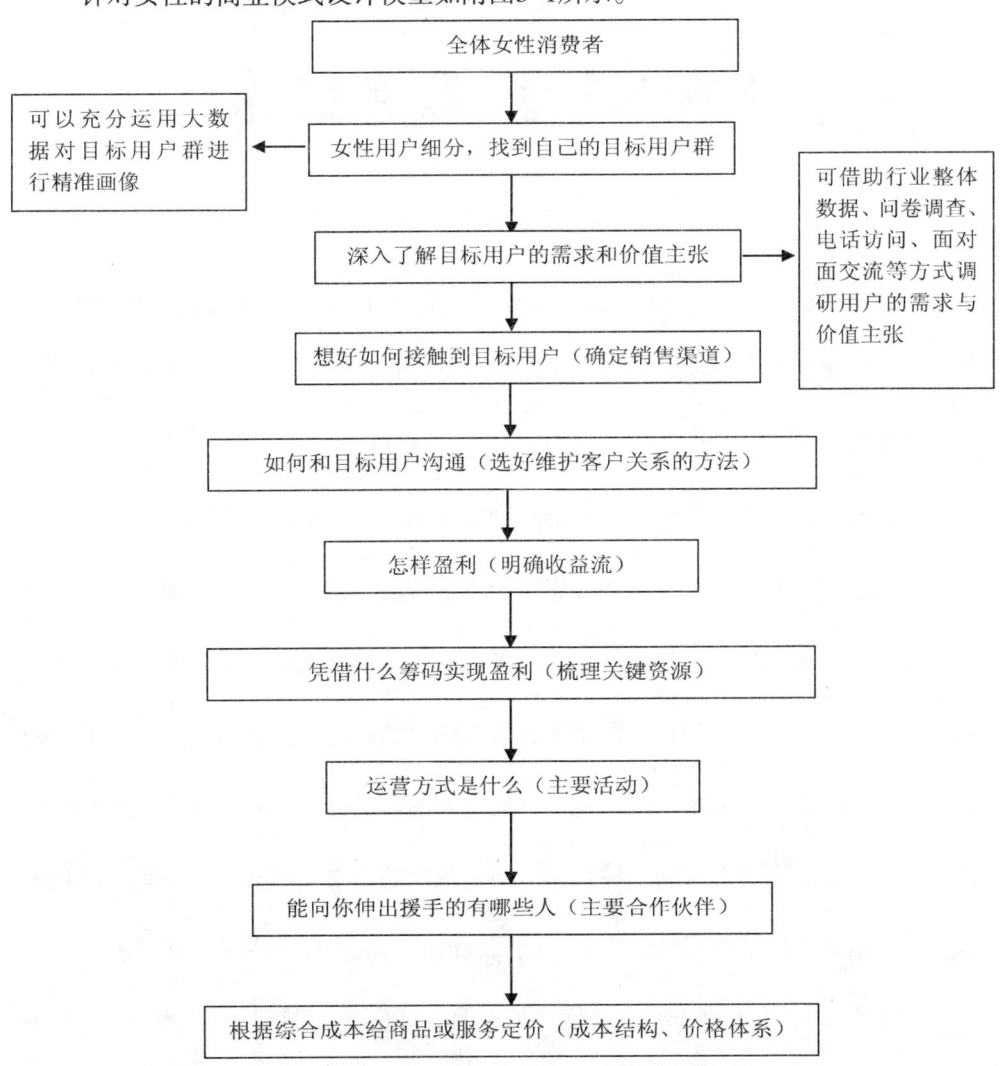

附图3-1 针对女性商业模式模型

后记

如何"吃透"用户需求

一款产品是否被市场认可,是否受到广大用户的欢迎,很多时候就直接取决于我们对用户需求的把握是否准确。如果抓住了用户的需求痛点,那么自然会在短时间内迅速获得大量用户,反之则会用户寥寥,白白浪费时间和资源。需求分析做得好不好,直接关系着产品和企业的生死,但这并不是一项容易获得的技能。

在20世纪,整个市场环境还处于供不应求阶段,消费者的需求附着于产品的功能需求上,比如购买一件服饰主要会考虑布料质量好坏、裁剪是否得体、穿着是否舒适等。但在今天的市场环境下,琳琅满目的商品为消费者提供了无限多种选择,在"买方"主导市场的环境中,消费者的需求已不再是一种单纯的产品层面的功能需求,而是升级为一种情感、精神层面的需求。"我买我高兴""我买我喜欢"成为人们消费行为的主流,购买服饰的动机往往变成了"好看想买"。

在工业制造发达的今天,再优秀的产品,实际上都是可以复制的。这是一个"独特销售主张"失效的年代,社会生产力的发展让产品之间的功能竞争优势不再明显。因此,企业之间的竞争已经不能再单纯地停留在产品功能诉求的层面。

人们对产品的消费需求已经从功能性消费日益向精神消费、文化消费转变。从前，企业在产品设计上的目标和标准是从功能上去满足消费者，但今天的产品更需要去满足用户的心理需求。

企业在产品的现代设计中，应当以创新性原则为先导，引导和满足消费者的心理需求，实现在产品的品质形象、艺术形象、文化形象及个性化形象上的优化和完善。换句话说，也就是企业在产品升级的过程中，要以满足用户的精神满足感以及用户的心理价值需求为目标，并以此为行动坐标。

现代企业的产品设计具有双重性，既要满足商品的物质功能需求，有一定的实用性，同时又需要考虑到用户的审美与精神需要，只有将两者完美地结合起来，并考虑其社会效益，才称得上是一个优秀的产品设计方案。

商品可以轻易复制，但品牌却难以克隆，品牌差异是构建企业市场竞争壁垒的核心。那么，如何找准建立品牌的基点呢？

我们可以从以下三方面进行深入挖掘：一是挖掘产品独特的精神内涵，比如雅客维生素糖果，可以给人们补充维生素，很好地满足了今天消费者们对"健康"的心理需求；二是挖掘消费者空白的心智空间，随着社会的发展，消费者的需求层次不断提升，这为品牌核心价值挖掘提供了丰富的机会；三是挖掘竞争对手没有满足的消费者的心理需求。

品牌营销传播的最高层面就是创造一个梦境，让消费者参与其中，并且乐此不疲，在消费者的品牌崇拜中实现品牌价值。

在互联网电商领域，需求分析是一项必须具备的能力，不管你是个人创业，还是在互联网电商企业从事宣传、营销、运营、市场、销售、客服等工作，都必

须对用户需求有深入的了解,只有"吃透"了用户需求,才能把流量转化为盈利和收入。

世界这么大,用户这么多,大家的需求也是五花八门,既有"真需求",也有"假性需求",有些需求商业开发价值很大,也有一些需求属于个人的非常小众的需求,没什么市场开发价值。所以,我们必须有一双"火眼金睛"能够精准地判断需求。

当我们挖掘到一个或多个需求后,首先,要收集需求背后的用户特征,比如用户年龄段、遇到的问题、消费目的、使用场景、社会属性等,明确了用户群体的特征,我们可以通过用户访谈等办法,直接与用户进行沟通,了解他们的实际需求情况以及对产品或服务的期待。访谈等办法可以进一步帮助我们完成精准的用户画像工作,加深我们对用户需求的认知、理解,从而对产品的设计、营销提供明确精准的工作方向。其次,是数据统计分析,今天的大数据可以很好地帮助我们完成这项工作,数据分析可以帮助我们更精确地判断市场需求的规模、用户群体数量、预期可实现的销售额等。最后,用户人群的商业价值也是不可忽略的一个重要因素,用户群很大,大家都想迫切解决这一需求,但奈何绝大部分人都不具备相应的消费能力,那么再刚性的需求,再大的用户群体,都不能转化为商业价值。所以我们一定要关注用户的收入情况和可支配消费能力,这是实现商业转化的最关键之处。

在互联网商业领域,需求是起点,也是终点,找准用户需求、满足用户需求的过程就是实现商业价值的过程。能否在互联网创业大潮中成功分得一杯羹,关键就在于能否做好用户的需求分析工作。吃透"用户需求",才有更广阔的未来。